# Coisas que preciso te dizer hoje

Victor Fernandes

# Coisas que preciso te dizer hoje

Mensagens para abraçar seu coração

OUTRO Planeta

Copyright © Victor Fernandes, 2022
Copyright © Editora Planeta do Brasil, 2022
Todos os direitos reservados.

*Preparação*: Matheus de Sá
*Revisão*: Fernanda Guerriero Antunes e Fernanda Simões Lopes
*Projeto gráfico e diagramação*: Camila Catto
*Capa*: Camila Catto

Dados Internacionais de Catalogação na Publicação (CIP)
Angélica Ilacqua CRB—8/7057

Fernandes, Victor
 Coisas que preciso te dizer hoje: mensagens para abraçar seu coração / Victor Fernandes. — São Paulo: Planeta do Brasil, 2022.
 192 p.

 ISBN 978-65-5535-774-5

 1. Autoconhecimento 2. Reflexões I. Título

22-2027 CDD 158.1

Índice para catálogo sistemático:
1. Autoconhecimento

MISTO
Papel | Apoiando o manejo florestal responsável
FSC® C019498

Ao escolher este livro, você está apoiando o manejo responsável das florestas do mundo

2025
Todos os direitos desta edição reservados à
Editora Planeta do Brasil Ltda.
Rua Bela Cintra 986, 4º andar – Consolação
São Paulo – SP – 01415-002
www.planetadelivros.com.br
faleconosco@editoraplaneta.com.br

*Que este livro seja sempre uma boa companhia. Que este livro seja um abraço. Que este livro traga alguma espécie de conforto. Que este livro te alegre. Que este livro se encaixe bem na sua cabeceira e no seu coração.*

As páginas que você vai ler a seguir foram escritas com o intuito de serem abraços e companheiras nas horas boas e ruins. Há aqui reflexões, pensamentos, ideias e, sobretudo, muito amor em cada palavra. Espero que esse amor seja percebido e contagie de alguma forma a sua alma e o seu coração todas as vezes que você abrir este livro.

Não existe um jeito certo de ler *Coisas que preciso te dizer hoje*. Você pode abri-lo aleatoriamente ou ir direto para o tema que você quer. Sim, alguns temas são repetidos de maneira proposital, porque sempre dá para falar mais um pouquinho, né? Talvez o texto que não faz sentido hoje faça sentido algum tempo depois; a vida é dinâmica, afinal.

Sem mais delongas, seja bem-vindo.

Torço para que encontre aqui respostas, novas perguntas, incentivos, conforto, abrigo, broncas com afeto e uma porção de sentimentos lindos. Deixo aqui também a primeira coisa que preciso te dizer hoje, que é também um enorme *spoiler*: coisas bonitas vão florescer em você depois destas páginas.

Um abraço e um beijo na testa.

Com amor, Victor Fernandes.

# Sobre o tempo certo

Sei que às vezes é difícil deixar as coisas fluírem e acontecerem no tempo delas. Sei que de vez em quando a gente tenta fazer o relógio andar mais rápido. Sei que às vezes a pressa toma conta. Eu sei. Mas não adianta, sabe? Não adianta forçar, não adianta brigar com os ponteiros do relógio, não adianta tentar acelerar a chegada da primavera ou de qualquer outra estação. Tudo tem o tempo certo. Você tem seu próprio tempo. Nada acontece antes do momento em que tem que acontecer. É tudo precisamente cronometrado por Deus. O que tiver de ser, será. Quando tiver de ser, será. E se não for, saiba de antemão: tem sempre algo melhor chegando.

# Sobre paciência

Para várias coisas nessa vida é preciso ação. Para muitas outras, só o tempo, sabe? O tempo se encarrega de várias situações. O tempo esclarece. O tempo confirma. O tempo responde. O tempo cicatriza. Às vezes a gente só precisa deixar o tempo fazer a parte dele e confiar. Acalme seu coração e deixe o tempo agir. Que a verdade aparece. As respostas chegam. O que precisa florescer, floresce. Não dá pra pular estações. Não dá pra acelerar o relógio. Não dá pra colher antes do momento certo. É preciso se acalmar e ir caminhando. Tudo se encaixa, viu?

# Sobre crescer

Espero que você nunca perca o olhar de criança, mesmo depois de amadurecer. Que você conserve algum otimismo e também mantenha a empolgação, o entusiasmo, a capacidade de se surpreender com a vida. Que nunca ache que sabe tudo, mesmo depois de saber muita coisa. Que cada novidade seja encarada como a coisa mais incrível que você viveu na vida. Que todo novo aprendizado gere frio na barriga. Que você espalhe amor, e colha amor, e cultive mais amor, e nunca se esqueça de que o amor é a missão mais importante. Que sua alma continue curiosa. Que seu coração mantenha a gentileza de uma criança tocando os pés na grama pela primeira vez. Que você saiba que é tudo a primeira vez e que nada será como antes.

# Sobre medo e coragem

O medo faz parte. Medo não é ausência de coragem. Coragem e medo vão dançar juntos na maior parte do tempo em nossas vidas. As escolhas mais importantes, as decisões mais profundas, as atitudes de maior impacto sempre virão acompanhadas de uma dose de coragem e outras cinco ou seis de medo. É ir com medo mesmo, é tentar, é saber que a vida é feita de riscos e que algumas coisas incríveis são alcançadas quando assumimos esses riscos. Sim, às vezes vamos nos machucar, algo vai dar errado no caminho, tropeços acontecerão. Sim, coisas maravilhosas vão rolar, sonhos serão realizados, momentos épicos serão vividos. Em vez de se perguntar "e se der errado?", se pergunte "e se for a melhor coisa que já me aconteceu?".

## Sobre a essência

Coloque sua alma e seu coração em tudo que o fizer bem e for saudável. Dê o seu melhor, mesmo quando o seu melhor não for muita coisa. É o que você tem naquele momento e é isso que sempre vai importar. Sua consciência entender que você fez o que podia fazer, que não economizou bondade, disposição, vontade de acertar, sempre será uma das maiores conquistas. Nada vai substituir a leveza de dormir e acordar sabendo que você foi fiel à sua essência, que não se omitiu quando tinha coisas boas para dar, que tentou, simplesmente tentou.

# Sobre transbordar

Ouça e realmente escute. Olhe e realmente enxergue. Quando estiver em algum lugar, esteja ali de corpo e alma. Traga sua mente para o presente.
O agora é a única coisa que você tem.
O passado já foi, o futuro é uma ilusão.
A vida pede que a gente mergulhe nela com coragem e profundidade. Somos seres que não nasceram para ficar no raso por muito tempo. Permita-se ter conexões reais. Permita-se ir além. Seja por inteiro. Transborde. Você merece e precisa transbordar. Você é oceano.

# Sobre oferecer o melhor de si

Sempre que você puder ser paz na vida de alguém, seja. Sempre que você puder ajudar, ajude. Sempre que você tiver bondade para oferecer, ofereça. Jamais espere gratidão ou algo em troca.
Seja bom porque você é bom. No final das contas, serão sempre você e sua consciência, e é ela que importa. O que fica, independentemente de tudo, é essa sensação gostosa de ter sido bom. Os outros são os outros, nunca se esqueça disso: cada um oferece o que tem.
E tudo bem.

# Sobre acalmar o coração

Acalme seu coração e se prepare, porque você ainda não viu nem 1% de todas as bênçãos e coisas boas que você merece. Ainda vão chegar e acontecer tantas coisas boas, tantos sonhos serão realizados, tantos planos darão certo. Independentemente da sua idade e da quantidade de momentos bons que já foram vividos, tenha certeza: ainda há muito espaço para que você sinta, tenha e participe de outras coisas maravilhosas. Acalme seu coração e já comece a agradecer, porque seu caminho vai ser mais lindo do que você um dia imaginou.

# Sobre intensidade

Sua intensidade sempre será uma bênção se você direcioná-la para os lugares certos. Onde ela é celebrada, sabe? Onde ela gera frutos. Onde tem reciprocidade. Onde o retorno é positivo e a sensação que fica é boa. Sua intensidade não é pra todo mundo. Sua intensidade não é pra tudo.
Ser intenso não machuca se você finalmente entende que é preciso escolher com carinho onde o melhor de você vai ser investido. Lembre-se: é o melhor de você, e não é todo mundo que merece isso.

## Sobre observar as atitudes

Não importa o tamanho dos seus sentimentos por alguém se essa pessoa não te trata do jeito que você merece, nem faz você se sentir bem. Por isso, o conselho é bem simples: observe o jeito como te tratam e fazem você se sentir. Observe a reação dos outros com a sua felicidade. Observe como eles mostram na prática aquilo que sentem por você. As respostas estão nisso. As atitudes respondem a tudo. A forma como agem contigo importa bem mais do que aquilo que você sente pelas pessoas.

# Sobre a pressa

Vai dar tempo de fazer tudo o que você quer fazer. Você não tá atrasado nem adiantado, você tá no tempo certo. Tá tudo acontecendo do jeito que tem que acontecer. Sim, algumas coisas não vão rolar e alguns sonhos vão mesmo ficar pelo caminho, mas outras coisas boas vão acontecer e te surpreender. A vida é mesmo uma caixinha de surpresas. Hoje eu só quero que você se acalme e abra sua mente e coração para tudo de bom que ainda vai acontecer. É só continuar caminhando. Vai ser melhor do que você um dia imaginou.

## Sobre o que você merece de verdade

O amor é pra você. Ver os projetos dando certo é pra você. Colher coisas boas é pra você. Uma vida boa, próspera e cheia de conquistas é pra você. Sei que em algum momento você pode ter questionado se essas coisas são pra você, mas estou passando aqui para te confirmar que são, sim. É, às vezes a vida prega peças. A gente tropeça. A gente questiona. A gente se sente a pessoa mais sem sorte desse mundo. Mas queria que você soubesse que é uma das pessoas mais sortudas deste planeta: você é você. Olha que bênção isso! E este pequeno texto é só para te lembrar disso.

## Sobre dar certo

Não dar certo é relativo, então, quando algumas coisas não saírem como o planejado, é só a vida batendo no seu ombro, te dizendo "olha esse universo de possibilidades bonitas que eu tenho pra você". Tem tanta coisa boa que pode acontecer, coisas que você sequer imaginou ou planejou. Mas eu sei que vou te ver conquistando todas essas coisas sobre as quais você fica falando com entusiasmo e empolgação. É questão de tempo. Sua parte tá sendo feita, isso é nítido. E se um dia essas coisas não fizerem mais sentido pra você, que coisas melhores te encontrem, te abracem, te façam bem.

## Sobre transformações

Novas versões suas talvez precisem de novos lugares, novos projetos, novas companhias, novos sentimentos. Isso faz parte da caminhada. Tá tudo bem deixar para trás algumas coisas que já não fazem sentido pra você. A vida é feita de ciclos e de mudanças, lembra? Se fez bem um dia, agradeça, mas não fique refém. É melhor um "adeus! se cuida!" do que manter na sua vida coisas que vão se tornar pesos. Algumas coisas sempre permanecerão ao seu lado e dentro de você, e são elas que hoje merecem sua energia, seu afeto, sua atenção. Você sempre vai ter a si mesmo, olha que preciosidade é isso. Nada pode substituir essa conexão que você tem consigo.

# Sobre bagunça na vida

Se tá tudo de cabeça para baixo em sua vida, use seu coração, sua intuição e a maturidade adquirida como bússolas. Você sempre vai encontrar o que precisa ser encontrado. Acredite, por mais que algumas coisas não saiam como o planejado e que situações incompatíveis com sua essência aconteçam, no final das contas tudo vai ficar bem. Sempre fica. Sempre. E às vezes fica muito melhor do que antes. Você vai ver.

# Sobre riquezas

Quo você continue tendo as riquezas que ninguém pode comprar ou tirar de você: seu caráter, sua bondade, sua luz, sua educação, suas experiências, seu amadurecimento. Que você tenha energia, coragem e disposição para ir atrás dos seus objetivos, das suas conquistas, das coisas que você sonha. Que sempre exista em você a vontade de aprender mais, de crescer mais, de sentir mais, de viver mais. Isso tudo te faz alguém de valor inestimável.

# Sobre a vida

A sua presença neste mundo é importante demais. Você tem missões, propósitos e, principalmente, um dever divino de ser e espalhar amor. A vida é uma viagem, e eu espero que ela seja bonita pra você, mesmo que rolem tropeços no caminho. Cada vez que você cair vai mostrar que seu corpo está descobrindo o jeito certo de voar. Não é o destino que importa, porque você vai mudá-lo diversas vezes, é a beleza do caminho, é o quanto você aprende, cresce, sente, recebe e espalha coisas boas por aí.

## Sobre bênçãos

Eu espero que você consiga enxergar os detalhes, perceber as bênçãos, curtir os pequenos momentos. A felicidade vem de dentro e não é algo grandão, ela é feita desses pequenos pedaços de alegria que cultivamos. A maior parte das bênçãos é feita de detalhes rotineiros. É o sorriso que você encontrou no momento de raiva. É o colo oferecido nas suas horas mais vulneráveis. É a possibilidade de acordar no dia seguinte e fazer diferente do que foi feito. É assistir a um pôr do sol e lembrar-se de que Deus sempre está cuidando da gente.

# Sobre controlar

Às vezes, a única coisa que cabe a você é dizer "seja o que Deus quiser" e confiar nisso. Não adianta tentar controlar tudo. Você não consegue e só se desgasta. Desgasta-se porque quase nada depende de você. Quantas vezes você já teve tudo sob controle e, "do nada", tudo desandou e virou o maior caos? Porque esse é o normal da vida. A mudança no roteiro, o tropeço, os planos tendo que ser planejados novamente. O controle é uma ilusão. É momentâneo e instável. A vida é sobre fluir e se adaptar.

# Sobre a importância real das coisas

Nunca se esqueça: querer muito não significa precisar. Precisar não significa que você não pode viver sem. Você sempre vai ficar bem, independentemente da presença de coisas que são importantes pra você neste momento. Poucas coisas são realmente essenciais. Observe sua vida e perceba a quantidade de coisas dispensáveis e que não acrescentam em nada. Coisas que antes você segurava com força e lutava para manter ou conseguir, depois de um tempo, perderam valor pra você. No final das contas, a gente sabe o que sempre vai ter importância, e você conta essas coisas nos dedos.

## Sobre novidades

Permita-se deixar ir algumas coisas, mudar de planos, repensar opiniões, reaprender, dar chance ao novo, porque já diz aquela música boa e antiga: o novo sempre vem. E que venham as novidades, que venham os novos motivos para sorrir, que venham outras chances e outros sonhos. Que venham histórias melhores. Que venha tudo que você merece. Nada menos que isso.

# Sobre aprender a viver

A vida não tem manual de instruções.
Vai ter tropeço. Vai ter desencaixe.
Vai ter dia ruim. Vai ter fase difícil. Vai ter
dor. Também vai ter amor. Sorriso. Dança.
Conquista. Alegria. Festa. Amor de novo.
Sorte. Conexão. Delicadeza. A vida e a
vida simplesmente vão acontecendo. A
gente não controla quase nada. A gente
aprende. Aprende e cresce. Aprende e
evita alguns erros repetidos. Aprende
e lida melhor. Aprende e amadurece.
Amadurecer é a única sensação de
manual de instruções que teremos.

# Sobre as coisas que combinam com você

Alegrias imensas combinam bem com você. Dias felizes e noites maravilhosamente épicas combinam bem com você. Saúde e prosperidade combinam bem com você. Sorrisos combinam bem com você. Lágrimas depois de realizar sonhos e conquistar coisas que trabalhou muito para ter combinam bem com você. Notícias positivas combinam bem com você. Amores gigantescos combinam muito bem com você. Viagens inesquecíveis combinam bem com você. Histórias boas para contar combinam bem com você. As melhores coisas deste mundo combinam contigo e se encaixam bem direitinho em sua vida... e eu sei que você vai, devagarinho, ou quase como num piscar de olhos, ter todas elas.

## Sobre colocar nas mãos de Deus

Eu só quero que você saiba que as mãos de Deus sempre serão o melhor lugar no qual seus sonhos, medos, vontades e dores morem. Faça sua parte e deixe que Deus aja em sua vida. Dê tempo ao tempo. Converse com Deus, mas principalmente ouça o que Deus tem para te dizer. Observe os sinais. Sinta a presença. Agradeça. Confie, simplesmente confie. Porque nada vai ser tão forte e real quanto a sua conexão com Deus. E pode ter certeza, coisas muito lindas vão resultar dessa conexão. Na hora e no momento em que elas têm de acontecer.

# Sobre demonstrar

Demonstre. Demonstre mesmo. Deixe claro o que sente. É bom ir dormir tranquilo sabendo que fez sua parte. Consciência limpa e coração leve não têm preço. Ame. Ame mesmo. Ame de todo o coração. Ame sabendo que cada célula sua está disposta a fazer o bem pelo outro, e se ame muito, muito, muito... para não se esquecer de que é preciso receber amor também. Plantar, mas também colher. Fazer feliz, mas ser feliz também. Então sinta, queira, demonstre, cultive, se importe, mas saiba ir embora quando não fazem isso por você. É pro seu bem.

# Sobre a tal lei do retorno

A vida vai retribuir. A vida vai trazer em dobro todos os sorrisos que você despertar. A vida vai trazer mil vezes mais energia boa do que a que você colocar no mundo. A vida vai te proporcionar toda essa felicidade que você tenta dar aos outros. Não ligue para a ingratidão. O que os outros fazem com a bondade que você faz diz muito sobre quem eles são. Isso é problema deles. Só deles. Quem fala por você são as coisas boas que você deixa no mundo. Você não é trouxa por estar sempre tentando fazer o bem. Nunca se culpe nem se arrependa pelo bem que você faz. Sempre repita "Deus tá vendo", é isso que sempre vai importar, ok?

## Sobre a nossa paz

A gente "perde" algumas coisas e pessoas para poder ganhar paz.
A gente deixa pra lá alguns sentimentos e vontades para poder ganhar paz.
A gente desiste de alguns sonhos, metas e planos para poder ganhar paz. E isso dói até a gente perceber que foi necessário para ter paz. Dói até descobrirmos que ciclos se encerram e coisas melhores sempre podem chegar. Para ter paz é preciso largar algumas mãos. Para ter paz é preciso criar algumas barreiras e distâncias. Para ter paz é preciso fazer escolhas difíceis. Porque se é pra ter paz, vale a pena.

## Sobre ser de verdade

Seja verdadeiro. Independentemente de qualquer coisa, em qualquer situação, seja verdadeiro. Fale a verdade, seja honesto com suas intenções, diga o que seu coração quer dizer e nunca, nunca mesmo, dissimule, seja falso ou venenoso. Por mais que não pareça, a vida retribui quando somos verdadeiros e bondosos. Aprenda, aceite e pratique: bem atrai bem. Quem é de verdade pode sempre dormir com a consciência tranquila. Quem é de verdade pode sempre dizer que ofereceu o melhor que tinha. Quem é de verdade pode sempre se orgulhar de ter vivido as coisas plenamente, isso não tem preço.

# Sobre as surpresas da vida

A vida sempre surpreende a gente. Sempre existem luzes no fim do túnel. Sempre existe um recomeço nos esperando. Sempre tem uma novidade boa pronta pra chegar. Sempre tem algum motivo novo para sorrir vindo em seu caminho. Às vezes, é quando mais parece que "não é pra ser" que algo incrível acontece. A vida tem essas surpresas que nos fazem acreditar um pouquinho em mágica.

# Sobre expectativas

Um dos maiores erros que você pode cometer é condicionar sua felicidade a um evento futuro, seja a chegada de alguém em sua vida, seja algo material que você quer alcançar, seja algum sonho que quer realizar. Você precisa entender que nada lá fora vai te preencher e que guardar esse caminhão de expectativas só vai te fazer ficar estagnado. Sua felicidade não depende de coisas externas. Crie expectativas e faça planos, mas não coloque sua felicidade nas costas de nada nem em ninguém além de você mesmo.

# Sobre livramentos

Um dia você vai entender que as coisas que deram errado foram aprendizados importantes. Que as pessoas que não permaneceram em sua vida já cumpriram os papéis delas. Que tudo que passou foi por um motivo, uma lição, um incentivo à maturidade. Que as cicatrizes são um lembrete de que você sofreu, mas que superou, e cedo ou tarde você acabará dando risada do que hoje está doendo. Que alguns sentimentos que hoje parecem te destruir lá na frente serão combustíveis para te tornar alguém forte pra caramba. Agradeça aos livramentos, aos dias ruins, aos "adeus", aos tropeços, aos momentos difíceis. Um dia você vai ver que foi melhor assim.

# Sobre quem chega pra ficar

Cedo ou tarde a gente descobre quem vai permanecer para sempre, quem vai embora nas dificuldades, quem está ali só por estar. Cedo ou tarde a gente começa a se importar só com o necessário, o fundamental, o imprescindível, sem desgaste gratuito. Cedo ou tarde as pessoas que provam que merecem e que vão ocupar um lugar na sua vida, independentemente de tudo, ficam, mesmo que você já esteja acostumado com despedidas. Desejo a você a capacidade de perceber quem merece ir e quem merece ficar, e de fazer a sua parte para cuidar e valorizar quem escolheu estar do seu lado.

# Sobre ciclos

Às vezes você acha que é o fim do mundo, mas é um recomeço. De vez em quando você sente que perdeu o chão, mas na verdade tá aprendendo a voar. Vez ou outra você se sente perdido, mas Deus está mostrando a você outro caminho, outras oportunidades de ser feliz, de conhecer novas pessoas, de encontrar outros rumos, outras experiências, outras vivências. Nem toda perda é derrota, nem todo dia ruim é ruim mesmo. Observe atentamente todas as vezes que você achou que perdeu, mas que na verdade simplesmente abriu espaço para coisas melhores. O que não é pra ser seu, se afasta. O que é pra ser seu, se aproxima. É o ciclo da vida.

# Sobre se libertar

Deixe ir tudo que já provou que não quer ser seu, tudo que não permanece de maneira espontânea, tudo que te desgasta, que te atrasa, que te faz ficar pesado, tudo que deixa um gosto amargo na boca, tudo que te deixa aflito, nervoso, tudo que te tira o equilíbrio, a paz, que atrapalha a sua saúde mental. Não se culpe por abandonar coisas que você queria muito, mas que fazem mal a você. Liberte. Liberte-se. Queira só o que é leve, espontâneo, recíproco, o que você percebe que tá dando resultado por seu esforço. Vamos tentar viver da maneira mais leve e tranquila possível. Solte. Permita-se largar o que precisa ser largado.

# Sobre perdão

Perdoar não significa dar outra chance. Perdoar não significa recomeçar. Perdoar não significa que você concorda com as atitudes do outro. Perdoar não significa que você é trouxa. Perdoar não significa que você deve trazer de volta para a sua vida. Perdoar é apenas uma forma bonita de tirar os pesos do seu coração, de jogar fora as mágoas, de deixar pra lá as energias ruins. Você pode perdoar e nunca mais querer olhar para o outro, e tá tudo bem. Perdoar não significa querer agir como se nada tivesse acontecido. Às vezes a gente não consegue mais ser do jeito que era antes. E pronto. Distâncias também são importantes. Distâncias também são necessárias. Perdão também é sobre isso.

# Sobre superação

Você é superação, por todas as vezes que caiu e levantou, que sofreu e deu a volta por cima, que tinha todos os motivos pra desistir e não desistiu. Você é superação, porque apesar de todas as coisas que aconteceram de ruim contigo, você continua com um coração lindo. Você é superação, porque quanto mais você cai, mais forte você fica. Você é superação, porque se mantém positivo, bondoso, cheio de luz. Você é superação, porque você não sabe ser de outro jeito. Ainda bem.

# Sobre as voltas que o mundo dá

O mundo vai dar muitas voltas e seu coração vai reencontrar a paz e os motivos para sorrir. O mundo vai dar voltas e seus planos que convergirem com a vontade de Deus vão funcionar. O mundo vai dar voltas e tudo, tudo, tudo que tiver de ser seu, cedo ou tarde, dará um jeitinho de chegar até você. Então, continue acreditando, se esforçando, dando o melhor de si. Continue remando, tentando, mas também acalmando o coração e sabendo a hora de relaxar e deixar as coisas nas mãos de Deus.

# Sobre o que você merece

Você merece ser feliz, mesmo que neste momento só consiga enxergar dor e caos. Você merece ser feliz, mesmo que se sinta sem forças e não encontre motivos para sorrir. Você merece ser feliz, mesmo abrindo a janela e não vendo um céu azul. Sei que as razões para acreditar que vai ficar tudo bem estão cada dia mais escassas, mas estou aqui para lembrá-lo que você merece ser feliz... e será. Espero que hoje, despretensiosamente, você esbarre em alguma fagulha de felicidade e que no meio da rotina consiga acreditar que coisas boas também acontecem contigo.

# Sobre os dias caóticos

Os dias ruins vão te ensinar. As falhas vão te ensinar. As coisas que deram errado vão te ensinar. Tudo que deu errado é uma maneira de te fazer mais forte. Sim, eu sei que machuca, sim, eu sei que a ansiedade é absurda, mas tudo tem uma razão e o tempo certo, não adianta ter pressa, por mais que seu coração seja pura agonia agora. Muitas coisas lindas estão te esperando durante o caminho, mas os dias de caos são importantes e necessários. Eles nos fazem valorizar ainda mais os dias de calmaria.

# Sobre mudanças

Você muda, entende? Coisas que você queria muito lá atrás, hoje você não quer mais. Sentimentos que você sentiu muito no passado, hoje já enfraqueceram ou se modificaram. Vontades passaram, desejos sumiram, e tudo isso faz parte. Você não é mais a mesma pessoa.
É a vida, meu bem, é a vida. Aceite as mudanças. Aceite o amadurecimento. Aceite a transitoriedade das coisas. Aceite e assuma o "eu era isso e não sou mais".

# Sobre deixar fluir

Não precisa forçar, não precisa achar que controla tudo, não precisa colocar peso demais nas suas costas. Quando a gente vai leve, a gente vai bem melhor, acredite. Confie nos planos de Deus e no tempo certo das coisas. Cuide de si mesmo no caminho, entenda que não importa qual é o destino, você tem que chegar lá bem. Não se esqueça de respirar fundo e fazer suas orações. Caminhe no seu ritmo. Vá com calma na alma... e tudo vai fluir da maneira mais positiva possível.

# Sobre fugir

Fugir é sempre adiar as consequências enquanto elas crescem. Encare-as.
O quanto antes você lidar com o que precisa lidar, menos pesos você vai ter que carregar no seu coração e na sua alma, e mais espaço você vai ter na sua vida para viver, sorrir, ser feliz e aproveitar. Claro que o processo não é simples, tampouco indolor, mas, depois que passa, em vez da fuga, há o encontro com uma versão melhor de si mesmo e da sua vida.

# Sobre sentir

É preciso sentir cada coisa boa com a plenitude e a delicadeza que cada coisa boa merece ser sentida. Não existe mesmo perfeição na pressa. É preciso se dar tempo para que tudo seja vivido com a atenção necessária.
Amar com alma. Abraçar com calma. Beijar com intensidade. Olhar e realmente enxergar. Ter e realmente valorizar. Dizer e realmente sentir o que diz. O que a vida espera de você é que toda oportunidade de viver seja bem vivida. Não é pedir muito, né?!

# Sobre essência

Você age de acordo com sua essência, com seu coração, com aquilo que você é e acredita. Você é você. Você coloca intensidade no que faz, se entusiasma, faz planos, leva a sério, dá o seu melhor. Você se esforça, luta, se dedica. Você oferece sempre as melhores partes do seu coração, porque é assim que você é. Em tudo que você faz. Em cada projeto, pequeno ou grande, simples ou complexo. Jamais se culpe por ter sido quem é. Não se sinta mal por ter sido aquilo que seu coração disse pra você ser.

# Sobre dizer não

Aprender a dizer não é fundamental. Sempre fui uma pessoa que dizia "sim" com uma facilidade absurda, e aí tinha que colher as consequências incômodas disso. Fazer o que eu não tava a fim, ir para lugares que eu não queria, aceitar coisas com as quais eu não concordava, simplesmente para agradar e não criar alguns conflitos. Claro que às vezes é importante ceder, sair da zona de conforto e fazer coisas que você não gostaria de fazer. Isso faz parte da vida. Mas entendi que quem cede demais acaba cedendo a felicidade e o amor-próprio. Hoje digo mais "nãos", e isso é um "sim" para a minha paz. Recomendo muito. Que você diga "não" sem se sentir má pessoa por isso.

# Sobre livramentos

Aceite os livramentos. Ninguém sai da sua vida em vão. As rejeições são livramentos. Quem não quer estar em sua vida não é uma perda pra você. Quem quer se despedir já não agrega nada, é preciso saber dizer adeus também. Em vez de chorar por cada pessoa que não quer mais permanecer, que você agradeça a elas pela oportunidade de abrir espaço para novas pessoas, novas histórias e novas chances de sorrir e ser feliz. Por mais difícil que isso seja, se permita sentir alívio: foram, sim, belíssimos livramentos.

# Sobre viver plenamente

A vida é muito curta para você ficar guardando o seu calor e a sua intensidade. Se o que você sente e quer vale a pena, se jogue, ame, dê o seu melhor, tente, se esforce. A vida é muito curta para fingir que não sente. Se está sentindo, demonstre, fale, procure. A vida é muito curta para ir dormir na vontade por causa de orgulho bobo, de regrinhas imaturas, de joguinhos de conquista. Quando encontrar algo que vale a pena, que acelera o coração, que acalma a mente e é saudável, mergulhe mesmo. Queira mesmo. Faça a sua parte mesmo. A vida é muito curta para ser frio e indiferente. A vida é muito curta para não viver plenamente as oportunidades de ser feliz.

## Sobre a sua paz

Trate a sua paz como uma riqueza, porque é isso que ela é. Tudo começa quando entendemos que NADA nem NINGUÉM têm o direito de tirar nossa paz. A gente começa a entender que não deve dar espaço para situações e pessoas que querem nos bagunçar, nos atrapalhar, nos puxar pra baixo. Entendemos, finalmente, que nossa paz é preciosa demais, e por isso devemos nos afastar, todos os dias, de pessoas, energias e sentimentos que a atrapalham. É um exercício diário e necessário evitar dar poder a determinadas coisas que nos tiram do equilíbrio. Faça escolhas que priorizam sua paz e evite que algumas coisas te levem para a onda ruim delas. Não se afogue no caos alheio.

# Sobre as coisas que espero que você encontre

Espero que você tenha todas essas coisas boas que você fala com empolgação e que elas se multipliquem. Que você realize sonhos e que sonhe novamente. Que as metas sejam alcançadas, mas que você saiba que às vezes "dar errado" é a melhor coisa que poderia acontecer. Que a felicidade seja rotina, que os sorrisos sejam a regra e que a maioria das lágrimas seja de alegria e de alívio. Que a paz, a fé e a coragem sejam sempre o ponto de partida de todos os seus dias. Que você conquiste tudo que fizer seu coração dançar...
e que essa dança não pare jamais.

# Sobre o que tem que ser

O fio que liga seu coração a tudo que deve ser dele tem uma força absurda e, ao mesmo tempo, uma leveza impressionante. Você não precisa segurá-lo arduamente, nem se desgastar. Você só precisa confiar em tudo que foi plantado. Ser você da melhor forma que puder. Cuidar de seu corpo, da sua mente e da sua energia para simplesmente ser o melhor jardim para o que tem que ser. As borboletas sempre chegam nas flores em que elas precisam chegar.

# Sobre ser alguém imperfeito

Você não é os seus erros, as suas dores, os seus problemas. Você não é seus dias ruins, seus tropeços, suas inseguranças. Isso tudo faz parte do seu caminho, mas você é muito maior. Você é o amor que você deu, é a ajuda que proporcionou, é a palavra amiga que ofereceu, é a bondade espalhada, é a alegria que despertou, é a paz que trouxe para alguém. Nunca deixe as pequenas partes ruins se tornarem o que te define. Você é bem maior que elas.

# Sobre ser fiel à essência

Às vezes o mundo vai te fazer questionar se vale a pena continuar sendo do jeito que você é. Claro que mudar é importante, mas eu espero que você nunca deixe de lado as coisas que te tornam alguém único e especial. Você pode endurecer um pouco, se tornar mais forte e maduro, conter a empolgação em alguns momentos, mas sempre que valer a pena transbordar a sua essência não economize isso.

# Sobre equilíbrio

A vida é sobre o equilíbrio entre saber esperar e fazer acontecer. É sobre entender que tem hora que a gente senta e espera e tem hora que a gente levanta e sacode o mundo ao nosso redor. É confiar no que foi plantado, entendendo que nada floresce antes do tempo, mas não dormir no ponto quando for hora de regar, de iluminar, de fazer sua parte. Não adianta ter a bênção e não fazer por onde.

## Sobre as coisas boas que o futuro reserva para você

Daqui a um tempo sua vida vai estar bem melhor do que ela está hoje, porque você está crescendo, evoluindo e aprendendo, e isso não tem como resultar em algo ruim. Repare que eu não disse que problemas não existirão, nem falei que as dores jamais acontecerão novamente. Os momentos desafiadores e as coisas ruins fazem parte do roteiro, mas daqui a um tempo a sua vida vai estar bem melhor do que está hoje, porque você não para de amadurecer e isso já é uma garantia gigantesca de que o futuro trará coisas boas demais.

## Sobre se poupar

Quando você entende o que realmente merece, você não gasta mais nenhum neurônio com o que não faz bem, com o que não acrescenta coisas positivas, com o que não ensina e, principalmente, com quem não faz tudo isso. A gente amadurece e prioriza a paz, a tranquilidade da mente, a leveza.
A gente cresce e passa a evitar conflitos desnecessários, opta mais vezes pelo silêncio, não se desgasta à toa. E eu desejo que você se poupe sempre que você puder se poupar.

# Sobre escolhas inteligentes

Que você saiba o que você merece e que nunca aceite menos do que isso. Que proteja seu coração. Que diga "não" sem sentir um peso por isso. Que se imponha sempre que for necessário e não troque sua paz por nada neste mundo. Que sua capacidade de dizer "eu não preciso passar por isso" seja utilizada quando você estiver de frente para algo que não faz bem ou que não vale a pena. Isso é libertador.

# Sobre ver a beleza do processo

Não perca a oportunidade de apreciar a beleza do caminho por estar pensando no próximo passo ou na linha de chegada. A vida é o que acontece no presente. Não são as metas nem as conquistas que tornam a vida mais bonita, é justamente o percurso, as curvas da estrada, as flores que avistamos enquanto caminhamos. Não queira chegar aonde quer chegar e ter a sensação de que esteve anestesiado enquanto fazia o que precisava ser feito para conseguir isso. Você merece sentir a plenitude de ter vivido cada segundo da sua história.

# Sobre se perder e se encontrar

Ficar momentaneamente perdido faz parte do caminho. Tropeçar faz parte do caminho. Ralar os joelhos e o coração faz parte do caminho. Perder coisas que pareciam imprescindíveis faz parte do caminho. Mudar faz parte do caminho. Aprender e desaprender fazem parte do caminho. Trocar algumas certezas de lugar faz parte do caminho. O caminho não é simples, não é reto, não é fácil. O caminho é surpreendente, é mutável, instável. A vida é mesmo uma caixinha de surpresas. Acostume-se. Você se perde, mas você sempre se encontra.

# Sobre cuidar e valorizar

Cuide do que te traz paz. Cuide do que acalma e ao mesmo tempo empolga seu coração. Cuide do que te leva para um lugar de tranquilidade. Cuide do que te entusiasma. Cuide de tudo que faz a sua vida ser um lugarzinho melhor. A gente só tem dimensão do tamanho e do valor dessas coisas quando elas faltam. Cuide mesmo do que te traz paz, porque poucas coisas nessa vida vão te trazer isso.

\>

Tá tudo bem mudar de rota agora, mesmo depois de ter caminhado tanto. Não, você não perdeu tempo. Você estava vivendo, experimentando, aprendendo. Seu esforço não foi em vão. Sua dedicação não está escorrendo pelo ralo. A vida não é sobre metas, é sobre viver. É sobre um dia de cada vez. É sobre se dar o direito de deixar algumas coisas de lado e abraçar outras. É sobre se permitir ir para outros lugares, trocar de emprego, pintar o cabelo, resgatar um sonho antigo ou começar uma carreira nova.

# Sobre esperar (e sobre fazer acontecer também)

Saber esperar é importante, mas saber quando e o que merece a nossa espera é mais importante ainda. Nem tudo vale a nossa paciência. Nem tudo merece que a gente plante, regue e aguarde com calma os frutos, porque nem todos os frutos nos farão bem ou trarão aquilo de que realmente precisamos. Tem espera que faz bem e que você alcança, mas tem espera que é só perda de tempo, mesmo que ensine alguma coisa no processo. Seu tempo é precioso, jamais se esqueça disso.

# Sobre evitar desgastes

Entre o que você quer e o que você precisa às vezes existirá uma infinidade de coisas. Nem tudo que a gente quer é o certo pra nós. As experiências e a maturidade nos ensinam isso. Quantas vezes você insistiu em algo, se desgastou e depois percebeu que nada daquilo era o melhor para a sua vida? Então, eu desejo a você a capacidade de enxergar realmente as coisas como elas são,
e desejo que conserve a sua energia, economize seu tempo e evite cansaços desnecessários.

# Sobre seus processos internos

Observe o quanto você cresceu de uns meses para cá. Suas versões antigas ainda existem de alguma forma aí dentro, mas hoje você não é mais quem você era. Estamos em constante processo de evolução. Despedidas aconteceram, perdas, vitórias, transformações, aproximações. É impressionante como em tão pouco tempo tanta coisa em nós e na vida lá fora pode mudar. Tá tudo bem. Celebre quem você é agora. Isso é mais importante do que qualquer coisa que você foi antes.

## Sobre o essencial

Talvez o telefone não toque mais como antes, talvez a quantidade de mensagens diminua vertiginosamente, talvez as companhias se tornem mais escassas; crescer tem dessas coisas. A gente vai deixando só o essencial, o que faz realmente bem, o que deve ter mesmo um lugar ao nosso redor. Espero que você não entenda isso como solidão, e sim como um lembrete de que a vida filtra tudo, que só fica o que tem que ficar.

## Sobre leveza

Que você sinta o alívio que tem buscado. Essa perda de peso dentro do coração e da mente que você tanto procura. Que seu pensamento vá para um lugar de leveza e de paz, e que de lá não saia. Que fiquem para trás todas as culpas, todos os apertos, todos os nós. Que tudo se solte e flua. Que tudo encontre seu lugar, principalmente você. Hoje e sempre.

# Sobre o que tem que permanecer na sua vida

Se isso faz seu coração sentir paz e coisas boas; se isso traz leveza e calmaria para a sua mente; se isso deixa a sua vida de alguma forma melhor: vale a pena. Vale a pena e merece que você cuide, trate bem, invista seu tempo, seus sentimentos, sua disposição. Um dia me disseram "guarde com carinho tudo aquilo que faz seu coração dançar de alegria e que ao mesmo tempo traz paz". Esse é um bom filtro para saber o que deve permanecer e o que deve ir embora.

# Sobre fluir

Existem dois caminhos para aquilo que não está fluindo: ou realmente não vai fluir, ou vai fluir e só não está no momento certo. Para ambos é preciso aceitar e confiar no propósito de cada coisa. Existe uma explicação mais profunda de por que não está acontecendo (ou não está acontecendo agora), e isso só o tempo responde. E ele responde. Sempre.

# Sobre responsabilidade afetiva

A sua maior responsabilidade afetiva tem que ser consigo, porque, se você ficar esperando que tenham contigo, vai se frustrar várias vezes. Respeito, atenção, consideração e cuidado: primeiro, tudo isso tem que ser dado de você pra você mesmo. Se você fizer essas coisas por você, a probabilidade de te machucarem é muito, muito, muito menor. Então, meu bem, se proteja, porque ninguém vai te proteger tanto quanto você.

# Sobre o seu coração bonito

Cuide desse seu coração bonito, é só isso que eu te peço hoje. Durante as tempestades, durante os dias ruins, durante as fases complicadas, durante as fases desafiadoras, durante os momentos de caos, cuide do seu coração bonito. Faça de tudo para mantê-lo com a beleza que ele tem, mesmo que ele tenha se machucado e carregue agora alguma espécie de cicatriz. Cuide desse seu coração bonito, porque ele é, sem dúvidas, a sua maior preciosidade.

# Sobre tentativas

Você vai tentar e acertar. Você vai tentar e errar. Você vai tentar e conseguir. Você vai tentar e ralar seus joelhos. Você vai tentar e não vai sair como o esperado. Você vai tentar e vai sair melhor do que esperava. Você vai tentar e conseguir algo totalmente diferente daquilo que esperava, talvez até algo bem melhor. Você vai tentar. Quase tudo nessa vida é sobre tentativas. É sobre processos, e não necessariamente sobre resultados. Você vai tentar e a única certeza é de que você vai aprender e crescer depois de toda e qualquer tentativa.

# Sobre ir no ritmo certo

No tempo certo é bem mais gostoso, porque tudo só faz sentido na hora que tem de ser. As coisas fluem e conseguem atingir seu real potencial de fazer bem. Nada que pula etapas ou é forçado consegue fazer o bem que algo construído na leveza e na paz conseguiria. Então, meu bem, respire e acalme essa mente apressada e esse coração intenso demais. Economize energia para quando as coisas estiverem no ritmo certo, no momento ideal, na hora em que elas realmente têm que acontecer.

# Sobre dar um passo para trás

Não encare passos para trás como retrocessos. Muitas vezes, esses passos são o impulso que você necessitava pegar para chegar mais perto de onde precisa. Alguns saltos exigem que a gente caminhe para trás e revisite alguns aprendizados, tudo isso com o intuito de nos fazer agir melhor quando nossos pés alcançarem o lugar certo. Passos para trás podem (e devem) ser encarados como preparação.

# Sobre reencontrar a si mesmo

Em alguns momentos você vai se perder de si mesmo. Não vai se reconhecer, vai se questionar, vai procurar algumas partes suas e não vai achá-las. É que às vezes o coração vai pra um lado, o corpo vai pra outro, a mente viaja para uma direção diferente, as vontades entram em conflito. Aí você vai ter que respirar fundo e ir com calma em busca de encaixar novamente todas essas peças. Olha, eu sei que no começo isso machuca e é cansativo, mas também é uma oportunidade linda de se reconstruir de um jeito melhor. Aproveite.

# Sobre a rotina

Não viva esperando a sexta-feira, como se apenas nos finais de semana a alegria e a felicidade fossem possíveis. Tem motivo para sorrir todos os dias. Desperte. A felicidade não está na festa, no *happy hour*, na viagem, no passeio. Ela também frequenta esses lugares, mas ela está sobretudo nas tardes de segunda-feira, na quarta-feira que amanheceu nublada, no sofá da sala assistindo a um filme clichê. Felicidade tem que ser rotina, e não refém de sábados de sol.

# Sobre seus motivos

Nunca se esqueça dos seus motivos. Dos motivos das suas partidas. Dos motivos das suas chegadas. Dos motivos que embasaram suas decisões. Dos motivos que fizeram aqueles sentimentos surgirem. Dos motivos que te fizeram querer ou deixar de querer algo. Guarde sempre contigo as razões que você teve, porque elas sempre vão te dar uma resposta eficiente sobre para onde se deve ir, onde se deve ficar e o que você deve querer.

# Sobre otimismo

Opte por ser otimista e colocar energia boa em tudo pelo que você passa e sente. Pessimismo não te protege de nada, pelo contrário, essa energia negativa contamina todos os campos da sua vida. O pessimismo é tóxico. Prefira ser um otimista realista. Acredite que vai dar certo, vai rolar, vai fluir. Prepare-se para não dar certo, não rolar, não fluir. Faça sua parte e emane a melhor energia possível, sabendo sempre que vai ser o que tiver que ser, e você vai encontrar um sorriso independentemente do desenrolar das coisas.

# Sobre seus motivos

Nunca se esqueça dos seus motivos. Dos motivos das suas partidas. Dos motivos das suas chegadas. Dos motivos que embasaram suas decisões. Dos motivos que fizeram aqueles sentimentos surgirem. Dos motivos que te fizeram querer ou deixar de querer algo. Guarde sempre contigo as razões que você teve, porque elas sempre vão te dar uma resposta eficiente sobre para onde se deve ir, onde se deve ficar e o que você deve querer.

# Sobre otimismo

Opte por ser otimista e colocar energia boa em tudo pelo que você passa e sente. Pessimismo não te protege de nada, pelo contrário, essa energia negativa contamina todos os campos da sua vida. O pessimismo é tóxico. Prefira ser um otimista realista. Acredite que vai dar certo, vai rolar, vai fluir. Prepare-se para não dar certo, não rolar, não fluir. Faça sua parte e emane a melhor energia possível, sabendo sempre que vai ser o que tiver que ser, e você vai encontrar um sorriso independentemente do desenrolar das coisas.

# Sobre atenção

Atenção não se cobra, atenção não se exige, atenção não se disputa, atenção só serve se for espontânea, porque ela é reflexo do se importar, do querer bem, do cuidar, do zelar e do interesse genuíno. Qualquer atenção que vem de um lugar diferente disso é forçada, é pesada, se manifesta de um jeito que não vale a pena. Não traz a sensação de conforto que só coisas feitas de coração trazem. E, meu bem, só coisas feitas de coração merecem um cantinho bacana na sua vida.

# Sobre decisões

Decida. Respeite seu tempo, mas decida. Pondere com toda a calma desse mundo, mas decida. Mesmo que exista medo, decida. Decida porque a indecisão deixa a vida estagnada. Decida porque, no final das contas, tudo nessa vida é sobre escolhas. É sobre saber que tudo tem possibilidade de ter sido a decisão errada, mas, se no momento da decisão o coração sentiu alguma espécie de paz e leveza, você escolheu certo, independentemente do resultado.

# Sobre trocos e vinganças

Muitas vezes você já pensou em fazer igual fizeram contigo. Muitas vezes você quis dar o troco, se vingar, pagar na mesma moeda. Muitas e muitas vezes, você, num momento de raiva e dor, torceu para que a vida punisse aqueles que não foram bacanas contigo. Só que você amadurece um pouco e percebe que cada um tem seu caminho e seus aprendizados, você não precisa nem pode controlar o destino dos outros. Você só deve focar sua felicidade, sua cura, seus processos. O troco de verdade é ser feliz em dobro, é crescer, é não se tornar alguém cheio de pesos e mágoas, é seguir em frente com o coração em paz.

## Sobre a vida real

Sempre haverá algum medo, alguma incerteza, alguma possibilidade de dar errado. Sempre haverá alguma coisa que não vai sair como você esperava, algum desvio de rota, alguma mudança no roteiro. Sempre haverá uma lição, um impulso para crescer e evoluir, uma chamada para refletir. Não existe perfeição. A vida é um amontoado de imperfeições. Isso, meu bem, não é uma notícia ruim. É só um lembrete de que a felicidade não tem a ver com as coisas saindo perfeitas, tem a ver com a gente se adaptando, dando um jeito, buscando sorrir apesar de tudo.

# Sobre seguir em frente

O telefone talvez não toque mais. Talvez não cheguem mais mensagens. Talvez os contatos passem a ser cada dia mais raros, até virarem contato nenhum. Talvez o que parecia (ou era) muito se torne pouco. Pessoas mudam. Sentimentos também. E a vida vai seguindo, você vai se acostumando, o vazio vai sendo preenchido, novos motivos para sorrir vão surgindo. A saudade de vez em quando aparece, faz parte. Você também aprende a lidar com ela. É um dia de cada vez. É montanha-russa. Mas você segue em frente, amanhã ou daqui a algum tempo.

## Sobre a sua força

Depois da primeira porta fechada, a segunda dói menos. Depois do primeiro fora, o segundo já não te abala tanto. Depois do primeiro projeto que deu errado, você não perde o rumo quando o segundo também não vai bem. A vida te caleja, e eu sei que ela muitas vezes não é nada gentil, porém é fato que a gente se acostuma. As quedas sempre machucam de alguma forma, mas vamos ficando mais fortes, mesmo que não consigamos perceber isso nitidamente no momento. Depois de cada tropeço, nossa habilidade de levantar fica mais aprimorada. E isso sempre será parte do lado bom de qualquer situação.

# Sobre fazer a sua parte

Você já não fez sua parte? Já não tentou dar o seu melhor? Não foi até onde podia, com a capacidade que tinha no momento? Então, relaxa. Relaxa porque não dá pra fazer nada além do que nos cabe. Não dá pra fazer a parte dos outros. Não dá pra forçar a vida a fluir do jeito que a gente quer que flua. A vida é quase sempre arisca e incontrolável, e a única coisa que dá pra fazer é o que está ao nosso alcance. Nem um centímetro a mais, nem dois centímetros a menos.

## Sobre superação

Eu não sei do que você precisa agora, não sei onde está doendo, ou se algo está realmente doendo aí, não sei qual o seu problema nem qual é a dimensão dele, tampouco tenho a solução.
O que sei, e a vida sempre me comprova isso, é que dói, somos ensinados, dói mais um pouco, somos ensinados mais um tanto, damos vários passos para a frente, tropeçamos, temos recaídas, aprendemos mais, e passa. Sempre passa. E muitas, e muitas, e muitas vezes fica melhor do que era antes.

# Sobre os dias bons e os ruins

Você ainda vai conquistar tanto, vai ver tantas coisas dando certo, vai chegar tão longe, vai realizar muitos, e muitos, e muitos sonhos. Você vai ter um caminho e uma vida bem melhor do que imaginou ou planejou. Isso é uma enorme certeza. Mas eu espero que você saiba que, independentemente disso, nem tudo vai ser perfeito, nem tudo vai ser um mar de rosas. Alguns dias e alguns momentos serão mesmo ruins e pesados. Não haverá equilíbrio entre as coisas boas e as más, as boas serão ampla maioria, principalmente se você souber olhar o lado positivo de tudo. Mas lembre-se de que a felicidade não é ausência de momentos desafiadores e de dias complicados.

## Sobre abraços

Tem abraço que é casa, é ninho, é pousada bonita na beira do mar ou numa serra encantadora. Tem abraço que cura ou que nos mostra o caminho para isso. Tem abraço que faz o tempo parar por alguns instantes. Tem abraço que deixa saudade. Tem abraço que ajuda a remontar as nossas peças que estão meio fora de lugar. Tem abraço que nos lembra que a vida, apesar de ser dura de vez em quando, é boa e gostosa de se viver. Tem abraço que é tudo isso junto. Espero de coração que você sempre encontre os abraços de que precisa e que se abrace também.

# Sobre ciclos

A gente perde algumas coisas durante a caminhada. Alguns medos, algumas opiniões, algumas certezas. A gente perde para poder ficar mais leve e carregar outras coisas mais importantes. Deixamos pra lá coisas que pareciam imprescindíveis. Trocamos alguns sentimentos por outros. Abrimos mão de alguns itens que até então eram necessários. Viver tem muito disso. Ciclos começam e terminam: sejam sentimentos, relacionamentos, visões de mundo, ideias, vontades, desejos. A vida sempre se renova. Você também.

## Sobre coisas que não são pra você

Isso não é pra você. Por mais que você queira, por mais que você tente ajustar sua vida para acomodar e realizar essa vontade, por mais que você se esforce: isso não é pra você. A vida já te mostrou uma, duas, dez vezes que isso não é pra você. Quanto mais você luta, mais você se desgasta e perde tempo. Lembre-se: algumas coisas serão muito suas, outras não serão. Algumas coisas se encaixam lindamente em seu mundo, outras não são as certas pra estarem aí. E tudo bem. Se te destrói no processo, isso não é pra você.

# Sobre recomeços

Os maiores recomeços são silenciosos. Não fazem nenhum alarde e quase ninguém percebe. É passinho por passinho, não é brusco. Pequenas conquistas são celebradas internamente como pegadas na Lua, porque você sabe o quanto foi difícil cada etapa. Você olha para trás e consegue perceber nitidamente que a estrada foi longa e tortuosa, mas que agora é tempo de novas histórias, novos momentos e novos ciclos. O réveillon particular não tem fogos de artifício, mas tem olhos brilhando: finalmente é hora de recomeçar.

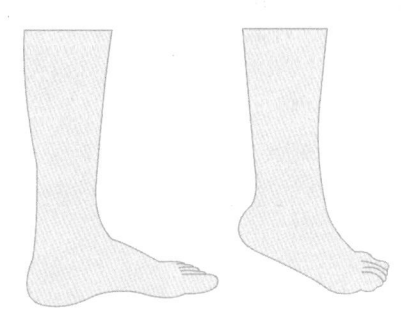

## Sobre aceitar

É preciso aceitar o rumo de algumas coisas, porque quando a gente aceita, a gente se liberta. Nos libertamos do peso do "e se eu tivesse feito diferente?", e do desgaste mental de ficar lutando contra a realidade. Economizamos nosso tempo, porque simplesmente paramos de ficar com um pé no passado e nos entregamos plenamente ao presente e a tudo que a vida tem pra oferecer de novidades. Aceite o que você não pode mudar, faça sua parte naquilo que está em suas mãos e siga em frente sempre.

# Sobre despedidas

As despedidas fazem parte, mesmo que pareça que levaram uma parte de nós. Você sente como se alguns pedaços seus estivessem faltando, mas isso é seu corpo e seu coração te dizendo que há um processo de reconstrução em andamento. A gente perde uma parte nossa para abrir espaço para outras partes surgirem. O vazio que elas deixam é momentâneo. O tempo vai fazendo cicatrizar e florescer. Nenhuma despedida é em vão, porque a vida sempre se lembra de trazer alguma coisa boa para ocupar esse lugar.

❯

**>**

Se for pra esperar algo, espere vivendo. Espere sem deixar sua felicidade em *stand by*. Espere sem transformar a espera num processo doloroso. Espere abraçando tudo que te faz bem. Espere entendendo que você está completo e que tudo que chega, chega apenas para transbordar, e não para preencher lacunas suas. Espere sendo feliz hoje, e não quando a espera acabar.

# Sobre interesse

Jamais se esqueça de que as pessoas sabem o caminho para chegarem até você. Não precisa ficar debruçado na janela olhando se estão vindo, nem se desgastar fazendo sinais e chamando atenção. Quem quer ir até você, vai. Quem quer estar aí, fica. Quase sempre é simples assim. Quando existem vontade, sentimento, interesse e disposição, tudo isso fica visível e perceptível, você não precisa cavar até encontrar petróleo e respostas. Geralmente os sentimentos que não estão na cara não estão em lugar nenhum.

# Sobre o amor

O amor é pra ser leve, mesmo que relacionamentos tenham momentos de dificuldade e desafios. A leveza é a regra e as situações em que as coisas ficam pesadas são a exceção. Ainda assim, independentemente do tamanho das complicações, é preciso respeito e afeto durante o enfrentamento delas. Espero que você entenda que o amor é um lugar de paz, mesmo que você tenha crescido enxergando o caos entre duas pessoas como algo normal. Não é.

# Sobre amor-próprio

Não espere que todo mundo te entenda, porque, meu bem, nem você mesmo vai se entender em vários momentos. O importante é que você sempre se acolha, mesmo nas horas em que você não consegue interpretar o que está sentindo. Forneça a si mesmo o abraço que às vezes você espera do mundo. Raramente vamos encontrar empatia, ela está em lugares cada dia mais escassos. Então ande sempre com ela a postos. Você é e sempre será a sua maior fonte de empatia, de apoio, de entendimento. Amor-próprio é, sobretudo, ser para si mesmo tudo aquilo que a gente pode ser.

# Sobre luz no fim do túnel

Espero que você tenha muitos momentos em que toque estrelas e sinta uma leveza gigantesca capaz de te fazer voar por aí. Que não te faltem histórias bonitas para contar, motivos para dançar no meio da rotina, bom humor para levar a vida da melhor maneira possível. Que até quando tudo for cinza você encontre alguma brechinha de céu azul e se agarre nela, porque ela combina muito mais com você do que qualquer tempestade ou dia nublado. Que sempre exista aí uma linda capacidade de ver e ser luz no fim do túnel.

# Sobre mudanças

O tempo passou e você não é mais aquela pessoa. Algumas coisas permanecem aí, claro, mas tanta coisa mudou. Você não precisa sentir culpa por isso. É um processo natural. Folhas caem e novas folhas nascem. As estações nunca são idênticas e seus efeitos em nós também não são. Um universo de coisas e situações causa impacto em nós e não saímos imunes. Você não está pior, você só está diferente, e tudo bem. Você continua carregando coisas lindas aí dentro, tenho absoluta certeza.

## Sobre a importância das coisas

Não espere as coisas se deteriorarem para entender o valor que elas têm. Não deixe as conexões se enfraquecerem para saber o quanto elas são importantes. Não perca as coisas que realmente têm valor em sua vida simplesmente por não ter percebido a dimensão da importância delas. Tem coisa que parece pequena e não é. Tem gesto que parece detalhe, mas não é. Não confunda a simplicidade com a ausência de valor. Muitas vezes o simples é também fundamental.

# Sobre limites

Sua presença merece ser celebrada e apreciada. Seu tempo merece ser valorizado e bem aproveitado. Seu esforço deve ser reconhecido. Sobretudo por você mesmo, porque quando você tem essa noção, não desperdiça o melhor de si mesmo. Você percebe até onde deve ir, onde deve permanecer, quando levantar e partir, quando não vale mais a pena. Oferecer as suas partes mais bonitas é sempre um gesto lindo, mas definir um limite saudável para isso também é.

# Sobre tentar

Talvez dê certo, talvez dê errado, talvez saia de um jeito diferente (até melhor do que você esperava), e você só vai saber o resultado se tentar. Tentar ponderando os prós e contras, os riscos, o jeito certo de fazer acontecer. Tentar entendendo que você só controla sua parte e uma fração das consequências, o resto está além do seu domínio. A vida é, na maior parte do tempo, sobre tentar. A grande certeza é que, independentemente do resultado, haverá crescimento e aprendizado, e isso, meu bem, já é uma conquista.

# Sobre paz e saúde mental

Você sabe o quanto dói, então é você quem sabe a melhor forma de se proteger. Você não precisa ficar se explicando quando toma decisões buscando proteção. A sua saúde mental jamais vai ser a prioridade de alguém, porque cada um tem seus pesos para lidar. Saiba se escolher e faça isso sem tornar esse processo uma dor a mais. Lembre-se de que você já tem coisa demais pra lidar. Cuide de você, custe o que custar, porque você sabe o preço e, principalmente, o valor da sua paz.

# Sobre ser suficiente

Você é suficiente. Você é suficiente mesmo nas vezes em que não conseguiu aquilo que queria conquistar. Você é suficiente mesmo nos dias em que se sente sem forças e sem rumo. Você é suficiente mesmo nos momentos de caos e nas situações que machucam. Você é suficiente mesmo quando não se sente assim. Você é gigante. Você transborda. É que de vez em quando se esquece disso.

# Sobre etapas

Às vezes você vai tentar acelerar processos, mas alguns deles foram feitos para serem vividos lentamente ou numa velocidade distinta da que você deseja. Algumas coisas precisam ser sentidas pouco a pouco. Algumas lições são aprendidas passo a passo. Nem tudo na vida é sobre intensidade. Vários momentos são sobre calma e paciência. Quem respeita os processos e etapas consegue perceber melhor as bênçãos que existem em cada degrau. É sobre o caminho, e não sobre a linha de chegada.

# Sobre precisar das pessoas e não as encontrar

Quando eu mais precisei de algumas pessoas, elas sumiram. Tenho quase certeza de que você também tem uma história dessas pra contar. Aquele momento em que tudo que você precisava era de uma mensagem de "tá tudo bem aí?", um simples gesto de atenção e cuidado, uma singela demonstração de que se importam. O pior caminho é gastar energia culpando as pessoas por não terem sido pra nós o que seríamos por elas. Deixa pra lá, sabe? É nesses momentos de "solidão" que a gente fortalece a conexão que temos com nós mesmos, e essa é a única conexão humana indestrutível. Você se tem e esse não é um prêmio de consolação, é a coisa mais importante.

## Sobre desencaixes

Tá tudo bem não se encaixar mais em lugares que antes eram extremamente confortáveis pra você. Tá tudo bem não se identificar mais com coisas que antes pareciam fazer parte da sua essência. Tá tudo bem ter mudado de opinião, ter repensado algumas teorias, ter aberto mão de algumas certezas. Tá tudo bem não ser mais a pessoa que você era. A vida é isso. Mudar, evoluir, amadurecer, se adaptar. Nada será como antes, mesmo que pareça igual. Cada segundo é uma nova história.

## Sobre viver

Às vezes nem parece que estamos vivendo, parece apenas que estamos sobrevivendo. Superando, enfrentando, resolvendo, correndo atrás. Às vezes a vida parece maratona, olimpíada, desafio seguido de desafio. Tem época que quase não há espaço para respirar, para ter lazer, para se dar ao luxo de não fazer nada (o que nem deveria ser considerado luxo, né?). Eu só quero te desejar força e serenidade para passar por esses momentos. Que haja tempo e lugar para você viver plenamente, descansar, não fazer nada. Que a regra seja sempre ter chance de deixar o coração apenas ficar de boa. Ser de boa.

# Sobre simplicidade

Nunca subestime o poder de pequenas coisas te fazerem sorrir. Nunca ignore a simplicidade ao seu redor. A maioria dos grandes momentos da sua vida será de pequenas situações banais em que só você vai perceber a mágica daquilo que está acontecendo. No final das contas, os seus maiores motivos para comemorar serão coisas que não têm preço, nem são materiais. Os seus dias mais incríveis na memória serão aqueles em que a família estava reunida falando bobagem no almoço de domingo, aquele dia em que seu time ganhou um jogo aos 49 do segundo tempo, a primeira vez que escutou sua música favorita. A felicidade é feita disso.

# Sobre encontrar soluções

Desejo a você a calmaria de que a mente precisa para tomar decisões em momentos caóticos. Desejo que você consiga respirar fundo, pensar com serenidade, escolher com sabedoria. Desejo que não te falte a memória dos aprendizados, que você acumule experiências e que isso te traga mais e mais maturidade. Desejo que sua cabeça encontre sempre o melhor rumo quando tudo estiver de cabeça para baixo, que haja disposição e energia suficiente para arrumar todas as bagunças, e que sempre te sobre amor para recomeçar.

# Sobre o silêncio

Não precisa falar agora. Fale quando a cabeça estiver mais fria. Fale quando o coração se acalmar. Às vezes só precisamos deixar as palavras certas florescerem, e isso tem um tempo particular em cada situação. Noutras vezes precisamos apenas permitir que o silêncio traga as respostas que realmente precisam ser ditas. Um sábio certa vez disse que as palavras certas demandam muito silêncio para serem encontradas. Permita-se ter paciência para achá-las.

## Sobre ser inteiro

Eu não sei como vai ser o caminho, mas espero que você vá com calma, vá com alma e vá com amor. Que nos momentos que precisam de intensidade você se entregue plenamente, se dedique com profundidade e mostre disposição. Que você não deixe passar as oportunidades boas de transbordar, que onde quer que você esteja, esteja por inteiro e só tenha inteiros para oferecer.

# Sobre quem você é

Vão esperar perfeição, mas você só vai ter para oferecer humanidade, disposição para tentar e vontade de aprender e crescer. E isso quase sempre será o melhor que você tem para dar. Você não vai ser perfeito, você vai ser real. Com dores e problemas reais. Com qualidades e belezas reais. Com partes boas e outras não tão boas. Alguns vão se encantar, outros vão ser indiferentes. Talvez se decepcionem, talvez achem você a coisa mais incrível que já viram na vida. Poucos vão te enxergar profundamente, mas aí perceberão o universo gigantesco que existe em você.

# Sobre suas versões antigas

O seu eu do final de todos os anos sempre vai agradecer ao seu eu do começo. Vai agradecer por ter aguentado firme, vai agradecer por ter acreditado que continuar era o melhor caminho, por decisões que nem sempre foram entendidas na época, mas que depois se mostraram acertadas. Vai agradecer até mesmo pelos tropeços, porque sem eles a sua versão atual não teria aprendido a voar com tanta maestria. O seu eu do passado merece carinho e acolhimento. Abrace-o dentro de você.

# Sobre réveillons

Você não precisa esperar dia 31 de dezembro para vestir branco e estourar champanhe. Você pode ter um réveillon na hora que você quiser, sempre que seu coração pedir um recomeço e uma nova história. Mas, caso você seja apegado a simbolismos e acredite na mágica que o dia 31 de dezembro carrega, espero que quando o relógio apontar um novo ano começando você perceba em cada célula sua uma sensação incrível de que tudo pode ser bem mais lindo do que já é, e que o ano que está começando vai ser o melhor ano da sua vida. Porque vai.

## Sobre novos rumos

Um dos melhores dons que a vida tem é o de nos surpreender. Ela tem essa habilidade gostosa de nos colocar em contato com novidades que nem estávamos esperando. A vida, meu bem, é um bicho indomesticável, que gosta de sair do eixo e nos mostrar outros rumos e caminhos. Claro que em vários momentos vamos, inicialmente, lutar contra essa instabilidade e questionar o rumo das coisas, mas é bom demais abrir o coração para novos horizontes que a vida está abrindo.

# Sobre o lado bom

A vida vai ter as cores que você quiser dar a ela. Sim, os dias cinza são inevitáveis, mas até mesmo neles é possível colocar um pouco mais de cores e luz. Quase tudo na nossa caminhada é sobre como a gente enxerga o caminho. É sobre ponto de vista e perspectiva. É sobre olhar o lado bom, tentar extrair algo a se comemorar, dar risada de algumas coisas que antes seriam encaradas como tragédias. É ser o lado bom quando você não consegue ver nitidamente um.

# Sobre a verdadeira riqueza

Vence na vida quem acumula toneladas de sorrisos e momentos bons. Vai longe quem consegue ir com o coração em paz, caminhando sem trair a essência e sem abandonar os próprios valores. Conquista coisas grandes quem deixa um legado de bondades feitas, de sorrisos proporcionados e de lembranças felizes. Bens materiais escapolem pelas mãos, enquanto o nosso impacto nas pessoas e no mundo ao nosso redor permanece e persiste.

## Sobre seus planos

Espero que isso aí que você quer tanto aconteça. Mas, caso não role, espero que algo ainda melhor surja em seu caminho. Algo que te faça nem se lembrar do que você queria antes, ou simplesmente se lembrar e agradecer por não ter acontecido. Espero que seus planos coincidam com o que for realmente o melhor pra você. Nada menos que isso. Nada menos que as melhores coisas desse mundo.

# Sobre ficar quietinho

De vez em quando a gente precisa entrar na nossa toca, no nosso casulo, no nosso mundo particular. Colocar o mundo em modo avião e também ficar no modo silencioso. Dar tempo para tudo se acalmar. Deixar o silêncio contar algumas coisas. Permitir que a vida desacelere para que encontremos a velocidade ideal e talvez até uma nova estrada. Nunca se esqueça do seu direito inalienável de se reconstruir sempre que for necessário. Sempre use o seu poder de voltar para o casulo e depois sair voando mais uma vez.

## Sobre bondade

O mundo não é dos espertos, mas é preciso ficar esperto e saber proteger seu coração. Ser bom, mas jamais confundir bondade com fraqueza ou incapacidade de se impor. É preciso agir sempre que isso for necessário para que as pessoas ao seu redor entendam que seu coração é bonito, mas ninguém vai se aproveitar dele. Colocar limites. Definir até onde é saudável e aceitável ir. Porque é necessário ser bom com os outros sem se esquecer de, primeiro, ser bom com você.

## Sobre se reconstruir

Confie no seu poder de começar de novo, porque ele nunca vai sumir ou sair de moda. Ele mora aí dentro e é indestrutível. Você sempre pode tentar em outro lugar, agarrar outra chance, construir um novo projeto ou sonhar um novo sonho. Você sempre pode escrever um novo roteiro, traçar uma nova rota, olhar pra uma direção inédita. Você não controla quase nada, mas, entre as raras certezas, existe esta: amanhã é sempre um novo dia.
Há sempre algo novo te esperando.
Você sempre pode se reconstruir.

# Sobre ser real

Permaneça sempre onde você e seu coração podem ser plenamente quem são. Em lugares, conexões e companhias que te deixam confortáveis para ser real. Você só se encaixa perfeitamente onde você pode ser imperfeito. Você só cabe de verdade onde existe espaço para transbordar tudo que há em você: sem máscaras, fingimentos, pressões, mentiras. Fique onde te enxergam com olhos de realidade. More onde percebem a sua beleza genuína.

# Sobre o futuro

Se sua cabeça está no passado ou no futuro, você não está vivendo. O único lugar real é o presente. O passado já foi, dele só restam as lembranças e os aprendizados. O futuro não existe, ele é quase totalmente reflexo e consequência do hoje. Você só tem o agora. Cuide bem dele. Se você olha muito pra trás, a vida te atropela. Se você só olha para a frente, não percebe o que está acontecendo ao seu lado. Se você não abraça o que está no agora, as coisas passam e você não aproveita plenamente nada. Não é sobre viver sem pensar no amanhã. É sobre viver com alma, com coração, com profundidade, com a intensidade que as coisas pedem. É estar presente no presente.

# Sobre despedidas

Em alguns momentos você vai precisar se despedir, abrir mão, deixar pra lá, ir por outra direção. Quase nunca é fácil. Quase nunca é um processo rápido. As despedidas, por mais que o adeus já tenha sido dito, funcionam de maneira gradual. É um processo, sabe? A gente vai desapegando aos poucos. Vai lidando com as lembranças, com a nostalgia, com a saudade. É uma despedida grandona e outras pequenas despedidas, quase diárias. É um dia após o outro e um de cada vez para o coração entender que a vida seguiu e que o lugar do passado é no passado mesmo.

## Sobre os dias pesados

Coloque uma roupa leve e confortável. Abra a janela. Permita-se ficar em silêncio. Olhe para o céu. Tente ver alguma forma interessante nas nuvens. Pise na rua. Caminhe sem muita pressa nem rumo. Tome um sorvete. Cante uma música bacana, mesmo que você desafine. Roube uma flor. Diga que ama para quem você ama, pode ser pelo WhatsApp, tá tudo bem. Abrace forte alguém e a si mesmo. Volte pra casa. Assista a uma comédia romântica clichê. Faça um chá. Mais um pedacinho de chocolate, por que não? Permita-se sentar no sofá e somente existir. Sim, os problemas não sumiram e as dores ainda estão aí, mas agora você pode lidar com eles com o coração mais tranquilo. Você colocou um pouco de leveza no meio do caos.

# Sobre relações humanas

Quem perde é quem economizou sentimentos bons. Quem poderia ter dado o seu melhor e não deu. Quem tinha coisas boas pra falar e guardou pra si. Quem negou abraços e gentilezas. Quem optou por ser pouco em vez de ser incrível do jeito que conseguia ser. Estes são os verdadeiros derrotados. Quem deu amor, quem fez o bem, quem ajudou, quem colocou alguma espécie de bondade no mundo não perdeu nada, mesmo que o mundo não acredite nisso.

# Sobre brigas

Pense uma, duas, dez vezes antes de falar. A gente quase sempre tem a opção de não magoar. Nós podemos escolher palavras mais gentis. Passar uma mensagem com educação e gentileza. Palavras podem cortar a alma e apertar o coração. Escolha com sabedoria aquilo que você vai dizer e como você vai dizer. Isso faz toda diferença. Faz com que você tenha mais conversas e menos brigas. Mais soluções e menos caos.

# Sobre evoluir

Não tire o direito de as pessoas mudarem e evoluírem. Quem você é hoje é bem diferente de quem você era uns anos atrás. Claro que algumas coisas jamais vão mudar, porque a essência está aí, mas você deixou de lado certezas, opiniões, ideias, vontades, sentimentos. Acredite na mudança se ela vier acompanhada de atitudes que confirmem isso. Permita-se conhecer novas versões suas e dos outros. Deixe algumas coisas no passado, junto com as versões antigas.

## Sobre dores

Você não pode apagar as suas dores, seus traumas e tudo que te incomoda no seu passado. Isso tudo faz parte de quem você é hoje. Você pode (e deve) ressignificar. Olhar com outros olhos. Extrair lições e força. Tudo que te aconteceu te fez mais forte, mais maduro e uma versão melhor sua. Talvez você apenas não tenha conhecido ainda essa sua nova versão, mas ela já está aí. Vai ser um prazer conhecê-la.

## Sobre confiar

Confiança é algo construído, e não instantâneo. São pequenas demonstrações de cuidado e de provar que se importa. É ouvir e realmente escutar. É poder ser vulnerável com alguém. É sobretudo ter a oportunidade de ser real sem ser julgado. Por isso que é tão difícil confiar de verdade, porque são poucas pessoas que nos proporcionam isso. O conselho é simples: não coloque sua confiança onde não existem esses requisitos.

# Sobre bondade

Não ache que a sua bondade é fraqueza, que sua capacidade de perdoar é ser fácil demais ou que não ter vontade de dar o troco é coisa de gente boba. Você apenas escolheu o caminho da paz, o de não levar consigo pesos e de não se contaminar com maldade e sentimentos tóxicos. Você aprendeu a proteger seu coração sem precisar agir de uma maneira que trairia a beleza que ele tem, e é isso que sempre vai importar. Essa é a maior prova de força.

# Sobre relações humanas

Entender que quase nada é sobre você vai te trazer uma paz imensa. Os outros são os outros. Eles carregam outras histórias, outras bagagens, outra educação, outros traumas, outras dores. Quase nada vai girar em torno de você. Cada um está passando por uma tempestade particular. Não deixe que as tempestades alheias tenham poder de bagunçar a sua vida.

# Sobre o medo

Não encare o medo como uma barreira, encare-o como um conselheiro. O medo vai te ensinar a caminhar com prudência e calma, mas o importante é não deixar que ele te governe. É preciso ir, mesmo com medo. Ponderando os prós e contras. Analisando onde você está pisando. Ter medo faz parte. Medo não é e nunca vai ser ausência de coragem. É o que faz a coragem ter um pouco mais de juízo.

# Sobre tentativas e limites

Você sabe que você tentou, e isso é a única coisa que você consegue controlar de alguma maneira. É você dizer que poderia tentar mais, e eu entendo, a gente sempre fica com a sensação de que tinha mais algum coelho para tirar da cartola, mas a verdade é que o seu limite é o limite da sua saúde, do seu bem-estar e da paz do seu coração. Nenhum sonho, projeto ou relacionamento vale a pena se te leva pra um lugar que não é saudável. Você tentou. Missão cumprida.

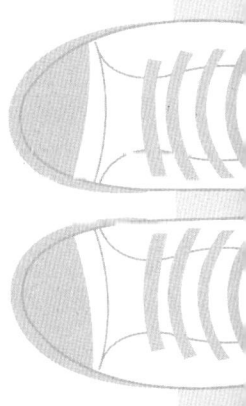

# Sobre autocuidado

Cuide-se bem. Por dentro e por fora. Cuide da sua energia, dos seus pensamentos, da forma como você enxerga as coisas ao seu redor. Cuide-se nos dias bons e nos dias ruins, mas também não se martirize nos dias em que seu cuidado foi pouco e você falhou com você. Autocuidado não é sobre perfeição, é sobre todos os dias tentar o melhor que pode. É sobre não se abandonar jamais, mesmo nos momentos de maior imperfeição, porque você é a coisa mais preciosa que você tem.

# Sobre confusão

Toda confusão é passageira. Toda bagunça é passível de ser organizada. Todo caos vem com algum aprendizado e aos poucos vai se dissipando. Mais importante do que lutar contra a confusão é buscar respirar fundo e colher o que ela tem para ensinar. As coisas ficam de cabeça para baixo para depois se arrumarem de um jeito melhor. Calma. Respira. Organize pedacinho por pedacinho. Sem pressa e sem pressão. As coisas vão ficar melhores do que eram antes.

# Sobre estar sozinho

Sua companhia vai te ensinar muito se você, em vez de lutar contra o fato de estar sozinho, aproveitar esses momentos para se conhecer melhor. Escute o que você tem a dizer. Abrace você e suas imperfeições. Encare suas cicatrizes e medos. Quanto mais você conviver consigo mesmo, mais vai gostar do que vê, mais vai entender seus processos e como você funciona, mais vai ter paciência e empatia contigo e com os outros. No começo vai parecer solidão, depois você vai entendendo que você está muito bem acompanhado.

# Sobre quem você é

Só você sabe tudo que passou. Só você sabe todas as partes bonitas e as não tão belas da sua história. Só você sabe tudo que sentiu, lidou, enfrentou, superou. Só você. Tem coisa que só você é, porque você é único nesse mundo. Tem coisa que só você tem. Sua mágica.
Sua verdade. Sua luz. Tem coisa que só você sente, e, mesmo que tente explicar, nunca saberão a dimensão precisa e exata daquilo. E tá tudo bem. Eles não precisam saber, só respeitar a imensidão de coisas que você é.

# Sobre frio na barriga

A gente nunca sabe exatamente como as coisas vão acontecer, por isso é importante aproveitar cada sensação e momento, independentemente do resultado. Curta o frio na barriga, curta a expectativa, curta a imaginação de como as coisas vão ser. Saiba que os planos podem sair totalmente diferentes daquilo que você tem sonhado, mas se permita sonhar, sim. Se não rolar, não rolou, bonito mesmo é saber que até o frio na barriga você viveu plenamente.

# Sobre autenticidade

Você não precisa se vestir de personagens nem esconder partes suas. Um dos maiores sinais de evolução é se perceber imperfeito e não tentar fingir que é alguém melhor do que é. É assumir suas fragilidades e vulnerabilidades, porque fugir delas não adianta nada. É sobre buscar melhorar, e não sobre ser perfeito. Tá fora de moda fingir perfeição. Bonito mesmo é ser de verdade e tentar crescer.

❯

> 

Se você quer realmente seguir em frente, identifique o que te prende. Note o que é gaiola e o que te faz voar. Perceba o que te suga e o que te faz transbordar. É sempre tempo de faxina. De deixar fechada uma porta que já não merece ser aberta. De se despedir de coisas, pessoas, relações e sentimentos que já cumpriram seus papéis. Se você quer seguir em frente, tome coragem para colocar passado no passado e presente no presente. Para caminhar em direção ao futuro, essa leveza é fundamental.

# Sobre conexões reais

Em tempos de relações superficiais, cultive as poucas conexões sinceras e profundas que você tem. Aquelas relações em que você mergulhou com mais força e que mergulharam em você. Onde te entendem, te acolhem, te respeitam, te protegem. Onde você consegue ser plenamente você. Onde a paz é a regra. Para essas pessoas, vale deixar o orgulho de lado. Vale o esforço. Vale o seu afeto. Não economize sentimentos bons por elas.

# Sobre sua beleza interior

Você não perde nada quando você é a sua versão real. Quando abraça quem você é e banca sua essência. Quando você evolui, mas deixa consigo a certeza de que algumas partes bonitas suas devem ficar intactas. Você cresce, muda de opinião, abre mão de certezas, planos e vontades, mas fica firme quando o assunto é sua beleza interior. Isso é coisa para poucos hoje em dia, acredite. Belezas são coisas acesas por dentro. Espero que você continue transbordando coisas lindas. Hoje, amanhã e sempre.

# Sobre sua história

Ame sua história, mesmo que nela tenha tido momentos ruins. Ame sua história, porque só você sabe todas as dores e delícias que foram experimentadas no seu caminho. Só você sabe o seu esforço, seus momentos de alegria genuína, suas conquistas, suas superações. Se tem alguém que deve bater palma pra você, é você mesmo, porque você estava na sua própria plateia em 100% dos seus dias. Orgulhe-se do espetáculo que você é.

## Sobre portas

Às vezes, a gente perde muito tempo tentando abrir uma porta que não quer ou não pode ser aberta, enquanto há várias outras portas e caminhos disponíveis e prontos para oferecer algo bom. Insistir, quando traz desgaste, não vale a pena. Não vale a pena forçar, quebrar a fechadura, tentar arrombar. Quando você faz sua parte, as chaves surgem na sua mão. Você abre a porta naturalmente. Por isso, jamais confunda esforço com insistência em vão.

# Sobre o amanhã

O amanhã é incerto, mas ele existe.
A gente não sabe o que vai acontecer, mas sabe que ele vai estar lá. Vai estar lá com as consequências do hoje.
Vai estar lá com as surpresas que a vida sempre apronta. Vai estar lá com as novidades. Sei que às vezes não conseguimos ver luzes no fim do túnel. Ficamos sem perspectiva e aí se torna meio complicado lembrar que ainda existem outras páginas em nossa história, porque estamos muito presos ao que está acontecendo agora.
Só quero te lembrar que há futuro, há novas chances, há novas oportunidades, há vida seguindo. Sempre.

# Sobre aguentar firme

Não dá para escapar daqueles dias que não são tão bacanas. Aqueles dias em que quase tudo sai bem diferente do planejado, o coração fica apertado e rolam estresse, ansiedade e pressão. Não dá pra fugir daqueles dias em que a vida te desafia e testa sua maturidade, sua paciência, sua determinação. Não dá pra correr daqueles dias em que sua alma pede para fugir pra ver o mar, mas você tem toneladas e toneladas de obrigações e coisas para lidar. Eu sei. Não dá. Eu só quero te desejar força nesses dias. Força e calma. Força e coragem. E um enorme "aguente firme".

# Sobre o que não serve para a sua vida

Desejo que você sempre tenha a capacidade de dizer "isso não serve para a minha vida". Entender o que cabe e o que não cabe. O que faz bem e o que não faz. O que tem que ir e o que tem que ficar. Desejo que você tenha a coragem necessária, mesmo que o processo seja lento e difícil, para sacudir sua vida e deixar cair tudo o que não te leva pra cima. Porque coisas ruins e situações desafiadoras vão acontecer, mas a tarefa é lidar com elas, não as deixar fazerem morada aí.

## Sobre seu valor

Espero que você sempre tenha noção do seu valor e do seu tamanho pra não ficar tentando se encaixar em lugares pequenos demais pra você. Onde você não puder ser incrível do jeito que você é e onde não lhe dão o devido valor e não há reciprocidade, não vale a pena estar. Poupe-se disso. Você não precisa se desgastar para ser amado. Você não precisa se diminuir para ser aceito. Você não precisa se adaptar a companhias e conexões que não te permitem ser quem você é. Jamais.

# Sobre ter noção da sorte que tem

Desejo que você sempre possa dizer "eu era feliz e sabia" e, principalmente, que possa sempre dizer "eu sou feliz e tenho total consciência disso". Porque a vida não é boazinha com a ingratidão e com o choro de barriga cheia. A vida não tolera que a gente tenha vários motivos para ser feliz e desperdice isso. A vida não tolera desaforos. Seja grato. Perceba as bênçãos. Olhe o lado bom. Abrace forte tudo o que te faz bem. Tenha consciência da sorte que tem.

## Sobre guardar com carinho as coisas importantes

Sempre temos aqueles momentos em que nós voltamos mentalmente para algum lugar, uma companhia, uma situação específica. A gente lembra e consegue sentir tudo como se estivesse fisicamente ali. O cheiro, o gosto, o som das risadas, a paz sentida, a alegria transbordada. Nossa capacidade de fechar os olhos e viajar para esses momentos é enorme, principalmente se tivermos vivido tudo aquilo com a plenitude que essas coisas mereciam. Por isso, o conselho é simples: viva tudo da melhor e mais profunda maneira possível, essa é a forma de algumas coisas ficarem "pra sempre" dentro de você.

# Sobre ter razão

Em vários momentos você vai ter que escolher entre ter paz e ter razão. De antemão aviso: esse negócio de ter razão é a coisa mais tola em várias situações. Você tem sua verdade, o outro tem a verdade dele. São duas visões de mundo, e trajetórias, traumas e cicatrizes totalmente distintos. Você vai dizer que o céu está azul, o outro vai dizer que o céu está cinza, porque ambos enxergam tudo com suas próprias lentes. Aconselho você a dizer "é, tá bem cinza mesmo" e se poupar.

# Sobre fraqueza (ou sobre força)

Você não é fraco por chorar. Não é fraco por pedir ajuda. Não é fraco por mostrar sua vulnerabilidade. O único sinal de fraqueza é se achar imbatível e sem fraquezas. Fraqueza é não admitir que precisa de ajuda. Fraqueza é recusar a mão e o ombro de quem tá ali oferecendo. Forte é aquele que tem consciência de que ter força não é ser perfeito nem ser imune a tudo. Forte é quem cai e levanta. Todo mundo tem seus momentos de dificuldade. Todo mundo.

# Sobre as mudanças alheias

Você não vai mudar ninguém. O máximo que você pode fazer é mostrar, instruir, opinar, incentivar. Toda mudança é interna e fruto de um processo. Ninguém vai mudar por você. As pessoas mudam por elas mesmas. Trabalhando nelas mesmas. Com paciência e disposição. Acima de tudo, com vontade de mudar e crescer. Infelizmente a gente não pode abrir a cabeça de ninguém e colocar as coisas que queremos. Só te cabe deixar cada um seguir seu próprio ritmo, seu próprio caminho, sua própria mudança.

# Sobre desistir

Desistir não é fraqueza. Desistir, muitas vezes, é prova de coragem. É admitir que se tentou de tudo e que você não vai cruzar o limite do saudável. Porque nada nessa vida vale a sua saúde e a sua paz. Nada nesse mundo tem importância se para conseguir isso você se destrói no processo. Para os fortes, desistir é sobre ter a consciência tranquila de que se foi até onde podia ir. É sobre recomeçar. É sobre pegar suas energias e focar outras batalhas.

# Sobre as escolhas alheias

Você precisa respeitar as escolhas do outro. A escolha de quem não quer permanecer na sua vida. A escolha de quem não quis as mesmas coisas que você quis. A escolha de quem tem outra visão de mundo e outra história de vida. A escolha, inclusive, de não gostar de você. Os outros são do jeito que são.
A gente só precisa respeitar e criar distância do que não faz bem. Esse é o nosso papel. É isso que vai evitar vários desgastes desnecessários.

# Sobre o hoje

Vista aquela roupa que você fica guardando pra uma data especial. O agora é uma data especial. Comemore qualquer conquista diária, por menor que ela seja. Dance sem motivo. Arrisque-se num *hobby* novo. Tire da gaveta algum sonho empoeirado. Diminua as metas e as expectativas por um tempo, se concentre apenas no que está na sua frente. O amanhã é incerto e é apenas a consequência de várias coisas que estão sendo feitas no presente. O hoje é que é urgente mesmo. O hoje tá doido para ser vivido.

# Sobre colocar o mundo em modo avião por alguns momentos

Pare pra respirar um pouco. Deixe o celular no modo avião por um tempo para poder se conectar apenas com você. Faça silêncio o suficiente para ouvir a si mesmo. Deixe o barulho de fora lá fora mesmo. Faça carinho e cafunés no seu próprio corpo. Abrace-se. Mime-se. Presenteie-se sempre com as coisas mais preciosas que você vai ter nessa vida: paz e amor-próprio.

## Sobre reciprocidade

Fica quem quer, vai quem precisa ir. A vida não é sobre correntes e gaiolas, é sobre abraços e motivos bons para ficar. A única coisa que nos cabe é a sensação de missão cumprida ao tornar nossa vida um lugar bacana para as pessoas permanecerem. É sobre ser você, porque sua beleza e sua importância serão percebidas naturalmente. Você, definitivamente, não precisa trancar ninguém dentro da sua vida. Só quem fica de coração vale a pena.

# Sobre coisas que a gente deixa para trás ao crescer

Dê adeus a partes suas que foram boas, mas que agora já não são. Crescer tem dessas coisas. A gente deixa uns pedaços pelo caminho, porque precisa abrir espaço para que novas peças cheguem para nos ajudar a transbordar. Tenha gratidão, mas entenda que a mudança é necessária. Nada apaga o que foi vivido e sentido. É só a vida seguindo seu fluxo.

# Sobre o seu tempo

Não importa o tempo que leve, porque o seu tempo é o seu tempo. Não importa se estão te apressando. Não importa se o resto do mundo tem uma velocidade maior para isso. Não importa se no percurso você deu vários passos para trás. O que importa é que no seu ritmo, do seu jeito, você vai fazer acontecer e chegar aonde precisa chegar. E vai ser lindo.

# Sobre quem você é

Quem você é, é mostrado através de energias, de atitudes, da bondade que você coloca no mundo e do tanto de coisas positivas que você espalha. O bem que você faz te representa. Como você trata as pessoas já diz muito sobre você. Não precisa se desgastar provando nada, é só ser você. Você não controla como valorizam o que você faz, a consideração que vão ter, a reciprocidade contigo, se vão te entender. Você só controla onde você permanece, com quem você permanece e o tanto que você insiste. Sempre dê o seu melhor, mas não desperdice seu tempo e sua paz.

# Sobre abrigo

Que nos dias em que o coração parece estar do tamanho de uma lentilha você encontre abraços e apoio. Que nas manhãs em que levantar da cama parece a tarefa mais complicada do mundo você encontre coragem e alguma disposição para lidar com a vida e com o mundo. Que nas vezes em que parece tudo cinza e que tá vindo uma tempestade você encontre a serenidade de um dia de sol e maré baixa. É isso que desejo a você todos os dias.

# Sobre se priorizar

Não se culpe por fazer o melhor pro seu coração. Não se sinta mal por escolhas que te protegem. Não se ache uma pessoa ruim por se priorizar em momentos em que é preciso escolher a si mesmo. Nem todo mundo vai entender ou apoiar. Vão te julgar. Mas só você sabe o que é estar na sua pele. Então só você sabe exatamente o que é melhor pra você. Colocar-se em primeiro lugar, em vários momentos, é questão de sobrevivência.

# Sobre se cuidar bem

Na maior parte do tempo vai ser você (e você). Você e suas cicatrizes. Você e seus pensamentos. Você e tudo que você sente. Na maioria dos momentos será você (e você) enfrentando os desafios, lidando com o caos, resolvendo os problemas. Você não está sozinho, mas sua própria companhia será, sem dúvidas, a mais presente. Cuide-se bem, porque você é a coisa mais preciosa e importante que você tem.

# Sobre continuar seguindo em frente

Não deixe de acreditar que o próximo capítulo vai ser melhor. Que na próxima página vai ter um sonho realizado. Que os próximos passos da história vão te levar pra perto de onde você quer chegar. Porque sempre tem uma nova parte bonita do seu caminho te esperando. Você só precisa continuar seguindo em frente, mesmo com motivos para desistir. Acredite: os motivos para continuar são bem maiores e mais fortes.

## Sobre tudo se ajeitar

Uma pessoa sábia me disse "dê tempo ao tempo e aí o tempo vai te dar muita coisa". Antes de qualquer outra coisa, é preciso acalmar o coração, respirar fundo e deixar o tempo agir um pouquinho. Se tá tudo bagunçado, faça sua parte para arrumar e deixe o tempo fazer a parte dele. Confie que devagarinho tudo se ajeita. Devagarinho você se ajeita.

# Sobre perspectiva

O jeito como enxergamos as coisas diz muito sobre como elas vão nos afetar. Você precisa exercitar o olhar para o lado bom ou, simplesmente, o lado que mostra algum aprendizado. Às vezes o lado bom é o puro e simples "o que eu posso aprender com isso?" e "o que a vida está querendo me dizer com essa situação?". Sempre vai ter aprendizado para quem quer enxergar aprendizado. É sobre escolher ver amadurecimento em vez de ver apenas dor, problema e dificuldade.

# Sobre como as pessoas agem

Não leve as coisas para o lado pessoal. Poucas coisas serão realmente sobre você. A gente nunca sabe direito o que está se passando na cabeça dos outros. A gente raramente vai conseguir perceber quais foram os gatilhos e dificuldades que levaram o outro a agir do jeito A, e não do jeito B. Quando falam de você, falam mais sobre si mesmos. Revelam-se. Porque ações e palavras são reflexos daquilo que temos em nós. As pessoas são espelhos que fazem as outras olharem para si mesmas, e isso é desconfortável pra caramba. Então, releve, ok?!

# Sobre consequências

Tudo vai ter consequência. O fazer e o não fazer. O dizer e o não dizer. O tentar e o não tentar. Tudo tem consequência. Tudo tem seu preço. Tudo tem sua bênção. Tudo tem sua lição. Não decidir é uma decisão. Fugir ao invés de enfrentar é uma decisão. Adiar uma decisão também é uma decisão. E toda decisão gera uma série de consequências que vão precisar de uma série de outras decisões. Faça suas escolhas com sabedoria e lide com elas com mais sabedoria ainda.

# Sobre arrependimento

O arrependimento é uma prova de amadurecimento. É sua mente, seu corpo e seu coração dizendo "se eu soubesse o que sei agora, não teria agido de tal forma". A sensação de estar arrependido é um lembrete enorme de que não dá para mudar como as coisas aconteceram, só dá para lidar e resolver as coisas que estão acontecendo. É sobre enfrentar as consequências, extrair alguma lição e, daqui para a frente, fazer melhor. É sobre, principalmente, se perdoar, porque você não tinha a maturidade que tem hoje.

# Sobre mentira

Escolha sempre a verdade. A verdade gentil. A verdade dita com o coração. Diga o que sente, o que não sente, o que quer e o que não quer, quais são suas intenções e desejos. É sempre melhor jogar limpo. Você não controla se vai machucar alguém com a sua verdade, porque cada um a recebe de um jeito, mas faça sua parte para transmitir tudo da forma mais doce possível. A verdade é sua amiga, a mentira é uma bomba-relógio que, quanto mais o tempo passa, mais potencial tem de causar caos.

# Sobre imprevistos

A gente faz planos, traça metas, escreve roteiros, mas a vida quase sempre não se importa com nada disso. Esteja aberto à possibilidade de mudanças. A estrada tem curvas, tropeços, desvios de rota, alterações de destinos e objetivos. Tentar se apegar ao que era pra ser e não foi só vai trazer desgastes. Adapte-se. Viver é quase sempre instável e imprevisível mesmo.

# Sobre vulnerabilidade

Demonstrar vulnerabilidades não é sinal de fraqueza. Todos temos fragilidades, medos, traumas, dores, inseguranças. Você só precisa escolher com sabedoria onde vai repousar tudo que te aflige. Saber o colo certo é fundamental para não abraçar quem não se importa. E, sim, tem gente que se importa. Você não está sozinho.

# Sobre fé

Algumas situações vão testar sua fé, e é nessas horas que espero que sua fé esteja mais forte do que nunca. É no momento mais doloroso e complicado que você deve mais acreditar que é forte, que vai sair disso, que coisas boas vão acontecer depois de você superar tudo o que precisa ser superado. Desejo a você uma fé gigante. Fé para continuar remando o barco e crendo que a tempestade não vai te impedir de chegar nos lugares bonitos que você merece estar.

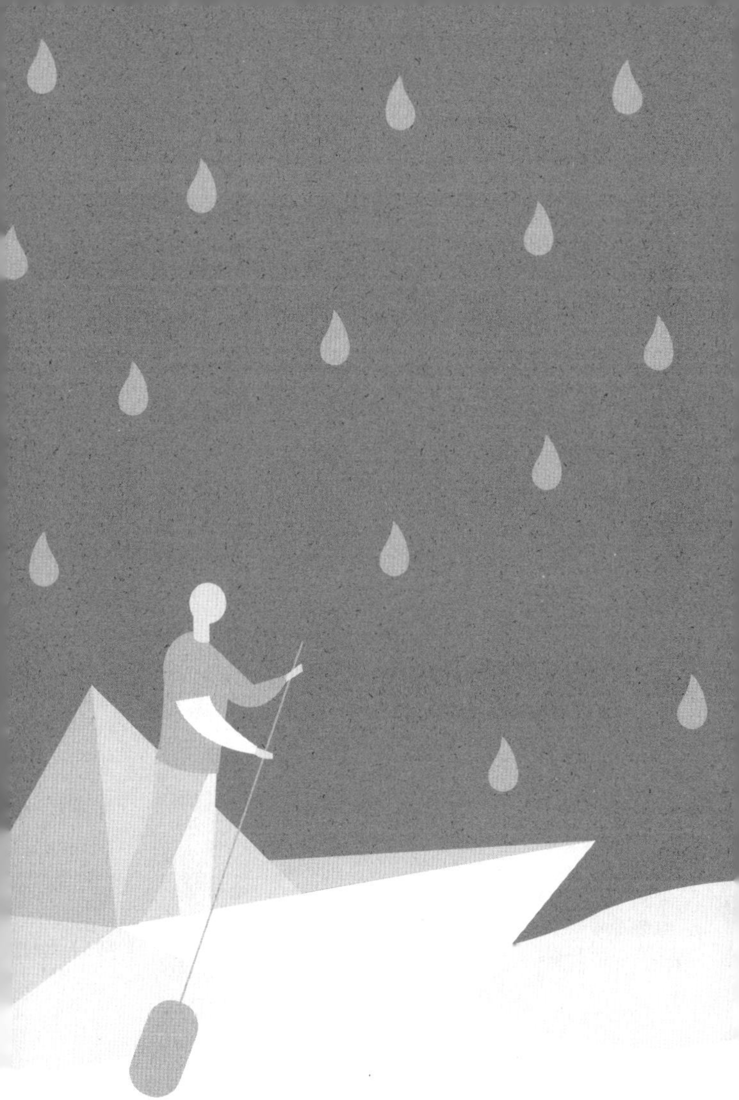

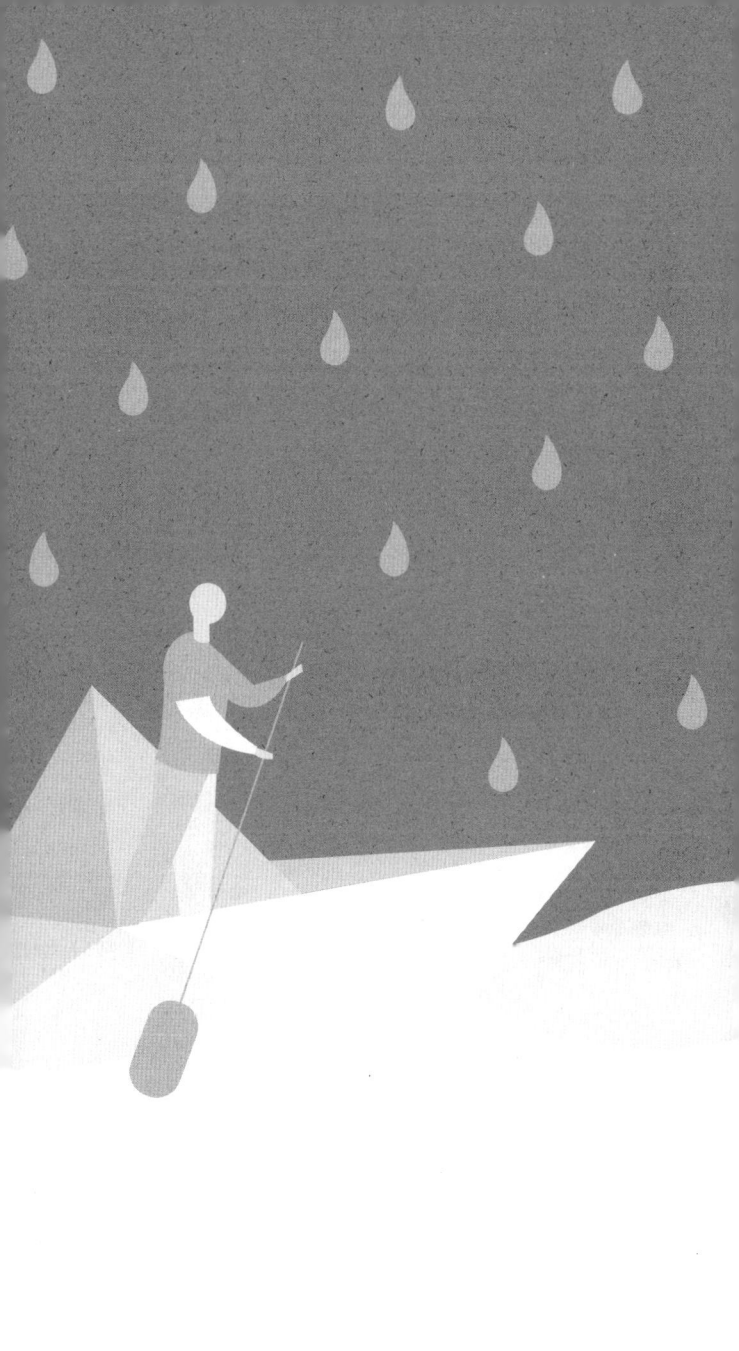

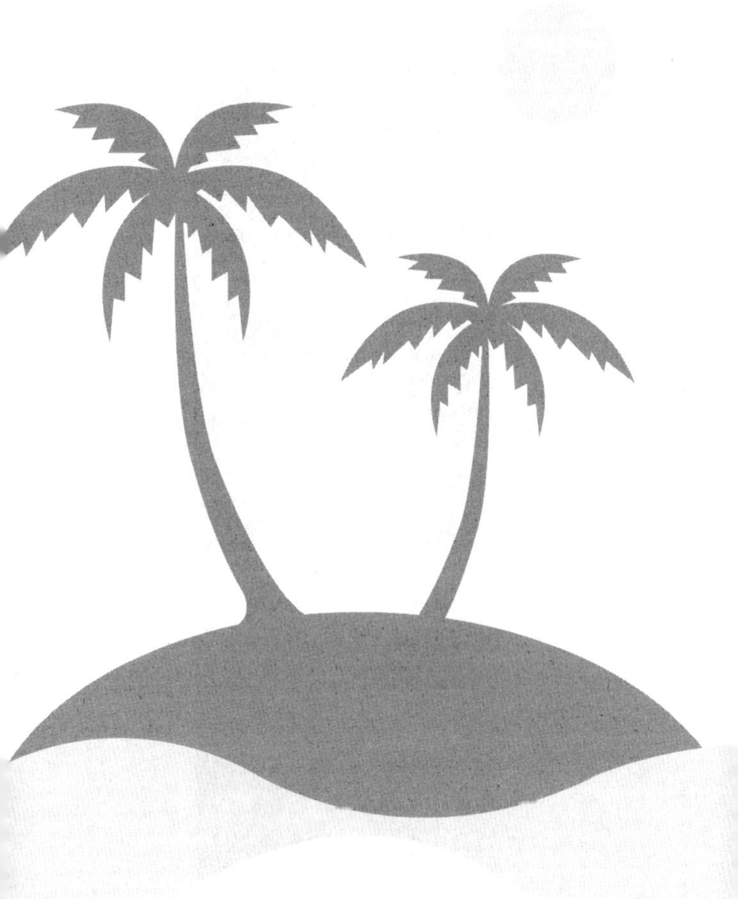

# LEIA TAMBÉM

**VICTOR FERNANDES**
## PRA VOCÊ QUE TEVE UM DIA RUIM

**VICTOR FERNANDES**
## PRA VOCÊ QUE SENTE DEMAIS

**VICTOR FERNANDES**

# PRA VOCÊ QUE AINDA É ROMÂNTICO

Planeta

---

**VICTOR FERNANDES**

## ANTES DO MUNDO VIRAR DE CABEÇA PARA BAIXO

Planeta

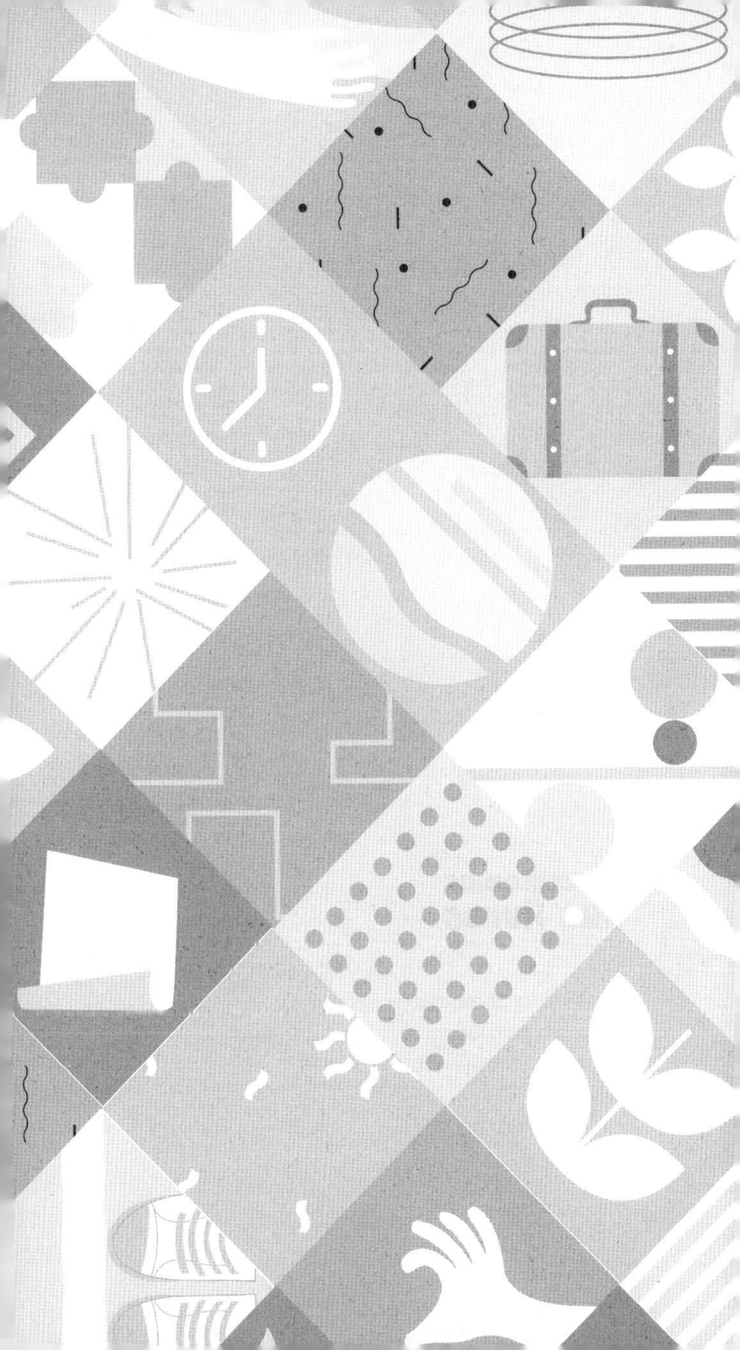

## Acreditamos
## nos livros

Este livro foi composto em Poppins e
impresso pela Geográfica para a Editora
Planeta do Brasil em abril de 2025.